シリーズ 新約聖書に聴く

ローマ人への手紙に聴く
福音の輝き

吉田 隆［著］

いのちのことば社

本書を用いるために

●「序」は、ローマ人への手紙を学ぶための簡単な予備知識（緒論）です。
●各項の聖書本文の分け方やタイトルの多くは、実際に説教したときのものです。
●各項は、以下の四つの部分から成り立っています。

一　『聖書　新改訳2017』のテキスト（段落分けや改行の一部は筆者による）
二　導入（テキストの文脈）
三　テキストの解説（釈義）
　本文中のゴチック部分は、テキストのことば
（一）は、欄外注の別訳や内容を理解しやすくするための補足
（＝）は、原語の意味や含意
四　今日へのメッセージ（説教黙想）

目次

序

Ⅰ　パウロの〝手紙〟

新約聖書の目次を開いてみると、たくさんの〝手紙〟があることに気づくでしょう。全部で二十七巻ある新約聖書の文書の中で、四つの「福音書」と「使徒の働き」そして「ヨハネの黙示録」を除くと、あとはすべて〝手紙〟なのです！

〝手紙〟とは、本来、書き手が受取人に伝えたいことがあって文章をしたためるという私的なものです。しかし、もう少し公的なものもあります。受取人が複数人だったり公開書簡だったりする場合で、初めから多くの人々にも読んでもらうことを意図して書かれたものです。

新約聖書の〝手紙〟にも、この二つの種類があります。「テモテ」や「テトス」のように個人名が入っているのが、前者。それに対して、場所の名前や著者の名前がタイトルになっているもの（〇〇人とは、人種のことではなく、その町や地域にある教会の人々という意味です）は、後者。つまり、多くの人に読まれることを前提して書かれています。

新約聖書の手紙は、主に、イエス・キリストに選ばれた使徒たちが、キリストへの信仰や教え、またキリスト者としての生活について伝えたいことを記したものです。二十一もの手紙の中で半数を超える手紙が、使徒パウロによって記されました。「ローマ人への手紙」は、新約聖書の手紙の最初にある、そして最も有名な手紙です。

II パウロとは何者?

それでは、そんなにもたくさんの手紙を書き残しているパウロという人は、何者なのでしょう。

それが実に数奇な運命をたどった人でした。彼は、紀元一世紀のローマ帝国の時代、キリキアのタルソという町で生まれた、由緒正しいユダヤ人です。もともとはサウロという名前でした。

おそらくは若いうちから、ユダヤ教のラビとなるための勉強を高名なラビの下で学んだ知的なエリートでした。それだけではありません。自分が信じる神と神の掟である〝律法〟に対する熱心を人一倍持っていた人でした。

そのように、ユダヤ教徒としての強烈な自負を持っていたサウロは、近ごろ現れた〝キリスト者〟と呼ばれる人々に対する非常な憎悪を抱いていました。ユダヤ教徒は、やがて来られるメシア（＝キリスト）を待望していましたが、それはローマ帝国の支配を覆してユダヤ民族の王国を再興する人であって、こともあろうに十字架で処刑されたような大工の息子などではなかったからです。そのような神にのろわれる死を死んだ男をメシアとして信じるなど冒瀆的だと考えたのです。そこで彼は、キリスト者と呼ばれる者を見つけ出しては始末しようと鼻息荒く活動していたのでした。

ところが、そのようなサウロに、復活したイエスが自らを現し、天から語りかけるという驚くべき出来事が起こるのです。

サウロは動転して、自分自身を失いますが、やがて「目からうろこ」が落ち、生まれ変わります。そして、自らをパウロ（＝小さい者）と改名し、イエスこそが（旧約）聖書がずっと指し示してきた真のメシアであることを確信し、大胆にこれを宣べ伝え、論証する伝道者として活躍し始めました。

パウロは「話は大したことはない」と酷評された人ですが、文章の才がありました（Ⅱコリント一〇・一〇）。その賜物を活かして、パウロは何通もの手紙をしたため、様々な問題や課題を抱える教会や個人に、キリストの良き知らせ（福音）を大胆かつ豊かに説き明かしました。実に、パウロは、これらの残された手紙を通して、福音に生きる道を後世にも伝える偉大な伝道者また教会の教師となった人なのです。

Ⅲ 「ローマ人への手紙」

実は、ローマ人への手紙は、パウロが書いた最初の手紙ではありません（聖書の目次は、書かれた順ではありません）。すでに、テサロニケ人への手紙・コリント人への手紙・ガラテヤ人への手紙・ピリピ人への手紙を、パウロは書いてきました。いずれもパウロがよく知っている諸教会に宛てた手紙です。

ところが、ローマ人への手紙だけは、パウロが一度も訪ねたことがない教会の人々に対して書かれた手紙なのです。それだけに、あまり具体的な問題に触れることなく、これまでの様々な手紙に記してきた事柄をバランスよく、様々なレトリックを駆使しつつ積極的に表現しているように思われます。

深い（旧約）聖書理解と信仰、そしてイエス・キリストの福音にかける情熱とが渾然一体となった、パウロの息遣いが伝わってくるような手紙です。

* * *

手紙を「書いた」と記してきましたが、パウロの場合、実はほとんどの手紙が口述筆記です。頭の中で文章をまとめ、ゆっくり話し、別の人がそれを書き留めました。

さらに、当時は一般庶民のための郵便制度などありませんから、通常は、その町に行く用事のある信頼できる人に手紙を託して届けられました。ローマ人への手紙の場合、テルティオという人が書き写し（一六・二二）、フィベという女性の奉仕者（または執事）がこれをローマまで届けたと思われます（一六・一）。この女性が無事に届けられなければ、この手紙も存在していなかったことでしょう。

しかし、そもそもどのような事情があって、パウロはこの手紙をローマの教会の人々に書こうと思ったのでしょうか。その目的はいったい何だったのでしょうか。

Ⅳ 「ローマ人への手紙」の目的

パウロは、この手紙を書いたときに、おそらくギリシア半島の南にあるコリントの町か、そこから程近いケンクレアという港町にいたと思われます。エーゲ海に面した美しい場所です。

パウロはこれまで、トルコ半島やギリシア半島にある主要な町々で伝道してきました。その結果、多くの異邦人（ユダヤ人以外の人々）がキリストを信じるようになりました。しかし、もともとキリスト教は、ユダヤ人たちがイエスをメシア（キリスト）であると信じて始まった信仰です。

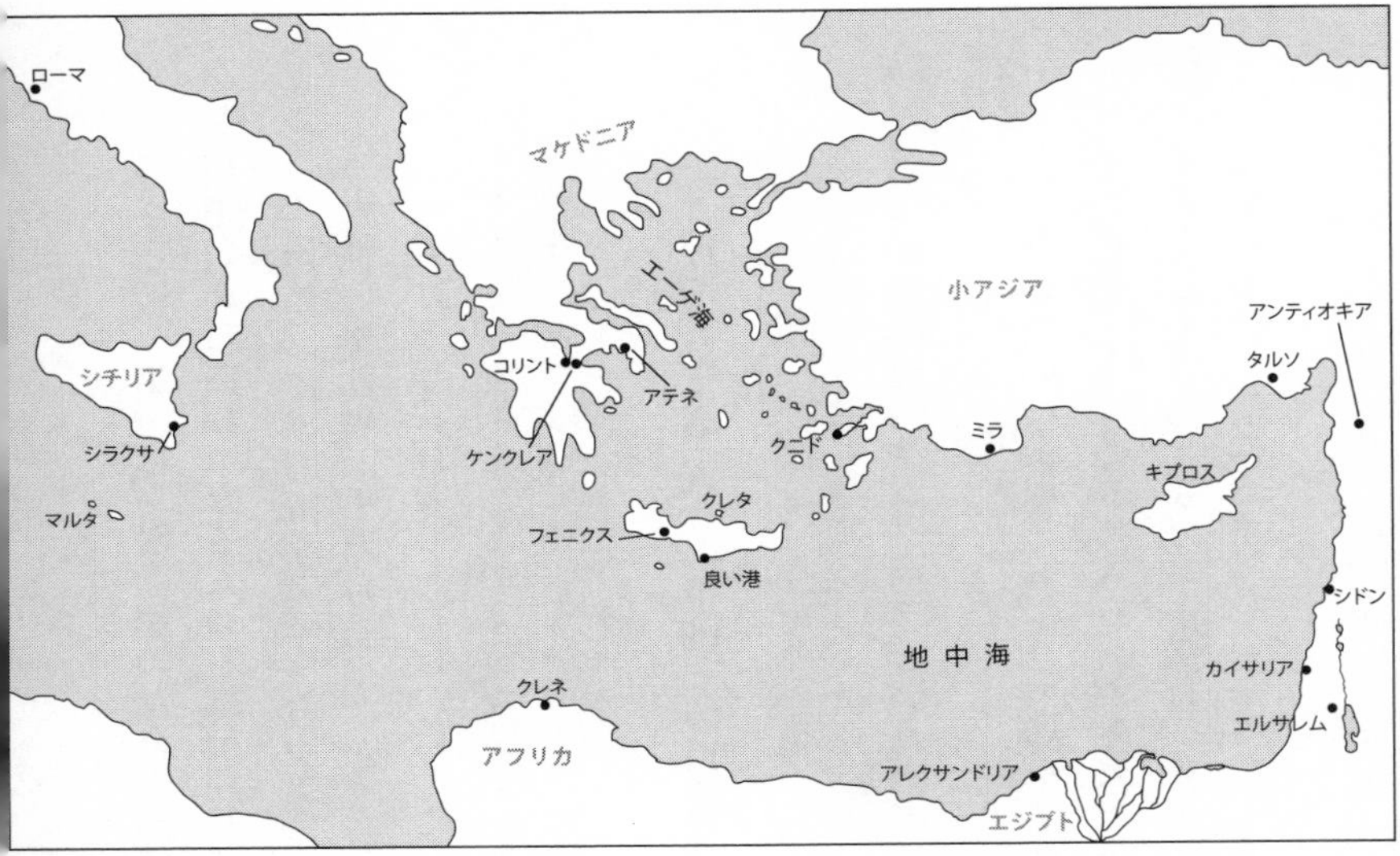

ユダヤ教も旧約聖書も全く知らない人々が、ユダヤ人の救い主を信じて、旧約聖書のことばに従って生きるようになったのは、実に不思議な神の計画と言わざるをえません。

パウロは、そのように新しくできた異邦人の諸教会から、エルサレム教会の貧しい人々への支援と一致のしるしとして集めた献金を、これから渡しに行こうと考えていました。

そうして、ローマ帝国の東半分での活動に一区切りをつけて、次に帝国の西半分（果てはイスパニア＝スペイン）への伝道に赴こうというのが、パウロの計画でした。その途中で、何としても帝国の首都にあるローマの教会を訪ねたいと願っていたのです（一五・二二―二九）。

＊　＊　＊

ローマにどのようにしてキリストの教会が誕生

したのかは、よく分かりません。おそらく、町中にたくさんあるユダヤ教シナゴグ（会堂）に、他地域でキリスト者となった者がやって来て、教えを広めたり、異邦人キリスト者が移り住んだりして、徐々に増えていったのでしょう。

いずれにせよ、すでに有名になっていたローマの教会（一・八）が、健全な福音に基づく堅固な教会として成長することで、帝国全体に大きな影響を及ぼすことをパウロは確信していたに違いありません。

さらに、ちょうどこれまでのパウロの活動がシリアのアンティオキア教会を起点としていたように、ローマ教会が西方地域への伝道の拠点となることを願っていたようです（一五・二四）。

このように、ローマ教会への訪問は、パウロにとって大きな夢の実現のために必要不可欠な計画でした（この計画は、パウロの思いとは全く異なる仕方で実現することになります）。

＊　＊　＊

パウロがこの手紙を記したのは、二回目のギリシア半島訪問の最後、エルサレムへの帰途の直前、おそらく紀元五七年ごろであろうと思われます。

実は、紀元四九年に皇帝クラウディウスによって、ユダヤ人に対するローマ退去令が出されたことがありました。おそらく、保守的ユダヤ教徒とユダヤ人キリスト者とのトラブルが原因ではないかと言われています（異邦人には、ユダヤ教とキリスト教の区別がつきませんから）。

そして、紀元五四年に皇帝がネロに代わると退去令も取り消され、ユダヤ人は再びローマに戻りました。しかし、その間に数が増したであろう異邦人キリスト者とのトラブルや分裂の要因は残ったままでした。

おそらくパウロは、そのためにも、イエス・キリストの福音とは何かを思い起こさせ、民族の違いを超える福音の力とすばらしさ、そしてこの福音に一致団結して生きる堅固な教会形成を願って、この手紙を書いたのでしょう。

V 「ローマ人への手紙」の内容

手紙全体の主題は、次のことばに要約されています。

「福音は、ユダヤ人をはじめギリシア人にも、信じるすべての人に救いをもたらす神の力です。福音には神の義が啓示されていて、信仰に始まり信仰に進ませるからです。『義人は信仰によって生きる』と書いてあるとおりです。」（一・一六―一七）

この主題が、以下のように展開されていきます。

＊　＊　＊

●一—四章

およそ人間は（ユダヤ人であれ異邦人であれ）神の前に罪を犯しており、神のさばきの下にある。しかし、そのような人間を救うために、神はイエス・キリストによる贖いを成し遂げてくださった。人は（ユダヤ人であれ異邦人であれ）ただイエスを信じることによって義とされる。これは、すでに旧約聖書に神が約束しておられたことの実現である。

●五—八章

キリストの死によって罪赦された人々は、神の霊によって新しいいのちに生きる。信仰者もまた依然として罪との戦いと弱さを免れない。にもかかわらず、彼らは聖霊の力によって神の子として導かれ、やがて完成に至る。キリストに結ばれた者たちに注がれる圧倒的な神の愛から、何ものも彼らを引き離すことはできないからである。

●九—一一章

このような救いは、初め、旧約の民・イスラエルに示されたが、すべての者が信じたわけではない。救いは、神が与えられたメシアであるイエスを信じる信仰による。イスラエルの頑なさのゆえに救いは異邦人に及んだが、それは神の深い計画に基づく。すべての人は（ユダヤ人も異邦人も）不従順であり、すべての人はただ神のあわれみにより、信仰によって救われるからである。

●一二―一六章

神のあわれみによって救われた者は、キリストとの一致の中で、愛に生きる共同体となる。ユダヤ人も異邦人も、今やキリストにある一つの民である。

このような〝福音〟を宣べ伝えるために召されたパウロは、今後の自分の計画とローマ教会の人々への挨拶を述べて手紙を閉じています。

VI　歴史の中の「ローマ人への手紙」

十六世紀の宗教改革者マルティン・ルターは、この手紙を「新約聖書のうちでも主要部分をなし、最も純粋な福音」と呼び、とりわけ一章一七節の黙想を通して福音の再発見と霊的開眼へと導かれました。

同じくジャン・カルヴァンは「およそこの書を理解する人は、全聖書の理解のいわば突破口・また門戸を持つ」と述べて、聖書全体にわたる注解作業をこの手紙から始めました。

また、十八世紀の偉大な伝道者・霊的指導者となったジョン・ウェスレーは、先のルターによる『ローマ書序文』を読んで回心した人です。

さらに、二十世紀最大の神学者と言われるカール・バルトは、この手紙の注解から〝神のことばの神学〟を回復し、自由主義神学やナチズムと戦いました。

このように、ローマ人への手紙は、キリスト教の歴史の節目節目で、イエス・キリストの福音の輝きを人々に思い起こさせ、教会を本来の福音に立ち返らせてきた〝神の力〟の書と言えるでしょう。

1　キリストのしもべ・パウロ

〈ローマ一・一―七〉

「キリスト・イエスのしもべ、神の福音のために選び出され、使徒として召されたパウロから。

――この福音は、神がご自分の預言者たちを通して、聖書にあらかじめ約束されたもので、御子に関するものです。御子は、肉によればダビデの子孫から生まれ、聖なる霊によれば、死者の中からの復活により、力ある神の子として公に示された方、私たちの主イエス・キリストです。この方によって、私たちは恵みと使徒の務めを受けました。御名のために、すべての異邦人の中に信仰の従順をもたらすためです。その異邦人たちの中にあって、あなたがたも召されてイエス・キリストのものとなりました――

ローマにいるすべての、神に愛され、召された聖徒たちへ。私たちの父なる神と主イエス・キリストから、恵みと平安があなたがたにありますように。」

パウロは今、どのような思いをもって、この手紙を書き出そうとしているのでしょうか。その思いを共有することが、これから手紙を学んでゆくうえでとても大切であるように私には思えます。「書き出す」と記しましたが、実は、パウロ自身が筆を取って書いているわけではありません。口述筆記をしているのです（ローマ一六・二二）。一つ一つのことを思い巡らしながらことばを探し、そうして心からあふれ出ることばをパウロが口にする。それを書き留めたのが、この手紙です。ですから、単に表面的な一字一句を解説し理解するよりも、そのことばをつむぎ出したパウロの心を理解することが、より大切だと思われます。

ローマに届けようとしているパウロの心、それはとてもとても大きな心ではないでしょうか。決して不安や恐れがないわけではありません。否、むしろ、日々彼のもとには頭を悩ませるたくさんの問題が押し寄せていました。この手紙を書いた後で行くことにしていたエルサレム訪問にも、深刻な事態が予想されていました（事実、そこでパウロは捕らえられることになります）。それにもかかわらず、今コリント（あるいはケンクレア）の町にいるパウロの目は、ローマ帝国の首都ローマに向いている。それだけではありません。そのローマをさえ超えて、イスパニア（スペイン）にまで彼のまなざしは及んでいます。私たちは地図で確かめるのではなく、パウロの目線で見なくてはなりません。イスパニアとは、すなわち、当時の世界では西の〝地の果て〟だったからです。こんなヴィジョンをかつて彼は抱いたことがありませんでした。しかし、神がそのように大きな幻を彼に与えてくださったのです。

この手紙を記すまで、パウロはすでに何通もの手紙を、自分が伝道して心を注いできた諸教会――テサロニケやコリントやガラテヤやピリピの町々にある教会――に書き送ってきました。ときには喜びと感謝にあふれて、ときには憤懣《ふんまん》やるかたない激しい憤りをもって、キリストの福音の恵みの力を伝えてきたのでした。それらを書き記すうちに、そして何より日々の宣教の業を通して、少しずつ少しずついろいろなことが彼の頭の中で整理されていったことでしょう。新しい気づきが与えられたことでしょう。一つ一つのことが次第にクリアになって、そして光を放ってきたのでした。私たちの神は、こんなにも大きなご計画をもっておられたのか、こんなにも主の救いは豊かな出来事だったのか、と。

果てしないまなざしと広げられた心をもって、今、パウロは一度も訪ねたことのないローマにいる信徒たちに伝えることばを語り始めます。

*　　*　　*

原文の最初のことばは「**パウロ**」。そして、次のことばが「**しもべ**（奴隷）」です。計り知れないほど大きな神に対して、無きに等しい小さな自分の存在を表す名前（「パウロ」＝小さい）を、彼は喜んで口にします。小さいだけではない、「罪人のかしら」（Ⅰテモテ一・

一五）であった自分が今や真の**「キリスト**（＝メシア）」であられる**「イエス」**様の「奴隷」としていただいていること。のみならず、全く思いもよらない主イエスとの出会い（ガラテヤ一・一五―一六）を通して、直接に**「神の福音のために選び出され、使徒**（＝遣わされる者）**として召された」**ことの光栄を、パウロは今、大きな感謝と喜びと責任を胸に自己紹介のことばとするのです。

その「福音」がいかなるものか。いかにすばらしく大いなるものか。それをこれから手紙全体で語っていくのですが、パウロはここで何も述べないままですますことができません。ごく簡潔に、しかも皆がよく知っている表現で述べようと、おそらくは広く教会で告白されていたことばを用いて次のように述べます。

この福音は、**「神がご自分の預言者たちを通して、**（旧約）**聖書にあらかじめ約束されたもの」**です、と。そうだったのです。ユダヤ教徒としてのパウロは、今まで何十回何百回聖書を読んできたことでしょう。隅々まで調べてきたことでしょう。しかし、それはもっぱらユダヤ民族に語りかける神の律法のことばとしてでした。旧約聖書全体がまさに「福音」の約束だったとは、思ってもみませんでした。しかも、その福音は、単なる人間によってもたらされるものではない、なんと神の「**御子**」を指し示す約束なのでした。このお方は、「**肉**（＝人間としての弱さを帯びた存在）」としては確かに「**ダビデの子孫から生まれ**」ましたが、「**聖なる霊によれば、死者の中からの復活により、力ある神の子として公**

に示された」メシア。それは私たちの想像をはるかに超える、神の御子ご自身が全世界のメシアとなられたという驚くべき福音でした。この方こそが「**私たちの主イエス・キリスト**」です。

そうして、この小さな私も他の働き人たちも、このお方から「(救いの)**恵みと使徒の務め**」を受けました。その務めとは、イエス(=救う者)という「**御名**」のとおり、単にユダヤ民族だけでなく「**すべての異邦人**(諸民族)」が福音によって救われ、この方を主とあがめて喜びの中に生きる「**信仰の従順**」をもたらすためでした。この福音が、諸民族の中を巡り巡って、ついにローマにいる「**あなたがたも召されてイエス・キリストのもの**」とされたのでした。それは、なんとすばらしいことでしょう!

私は、そのことを伝え聞いて、大きな喜びに包まれました。「**ローマにいるすべての**」皆さん、皆さんが今こうして主イエス・キリストを信じるに至ったことは「**神に愛され、召された**」からです。ちょうど旧約のイスラエルがそうであったように、皆さんもまた神に選ばれた「**聖徒たち**(=取り分けられた者たち)」です。皆さんの多くといまだ顔と顔を合わせてお会いしたことはありません。けれども、今やキリストによって、皆さんと私の「**父**」となられた神と、私たちみなを救ってくださった「**主イエス・キリスト**」から、私たちを圧倒する救いの「**恵み**」と、キリストによってもたらされた尽きることのない「**平安**(平和)」、〝ローマの平和〟にまさる平和が「**あなたがたにありますように**」と、祈らずにはいられません。

これが、ローマにいる信徒たちへのパウロの挨拶のことばです。

＊　＊　＊

一　キリストの教会の中では、この世の肩書きは要りません。パウロは、誇ろうと思えば、いくらでも肩書きを並べることができた人でした（ピリピ三・五―六）。何より彼はローマ帝国の市民権をもった人物でした（使徒二二・二七）。しかし、「キリストの奴隷」であることこそが、彼の喜びなのでした。お互いの生まれや育ちや、経歴や社会的地位をいっさい問わないで集まれる場所があります。同じ神に召され、同じ神に救われ、同じ神に愛されて生きる。ただそれだけで、お互いを信頼して生きる場所がある。キリストのしもべであることを心から喜び、かつ誇りにして仕え合う場所がある。それが、イエス・キリストの教会です。

二　パウロもローマの信徒たちも召されて、「イエス・キリストのもの」となった人たちです。キリストに救われた一人ひとりはキリストのものですから、私たちのものではありません。信徒は牧師のものではありません。キリストのものです。キリストに結ばれた自分の連れ合いも子どもたちも、私のものではありません。その人生をコントロールしようなどと思ってはいけません。彼らの主はキリストだからです。私たちはこの厳粛な事実を心に刻みつつ、お互いに対して敬意をもって接しましょう。そして、私たちみなが、一切の人間的なしがらみを超えて、ただ一人の主「イエス・キリストのもの」とされた喜びに生きてまいりましょう。

三　父なる神と主イエス・キリストによる「恵みと平安（平和）」。これは単に型どおりの挨拶のことばでも美辞麗句でもありません。これなしで、私たち信仰者はこの世を生き抜いていくことはできないからです。神に召されたとはいえ、罪人の集まりである教会もまた、神の「恵みと平安」なしに一歩たりとも健全に進んでいくことはできないでしょう。しかし、逆に、父なる神と主イエス・キリストの「恵みと平安」さえあれば、この世のいかなる力にも屈することなく、私たちは前進し続けることができるでしょう。

2　信仰による励まし

〈ローマ一・八―一五〉

「まず初めに、私はあなたがたすべてについて、イエス・キリストを通して私の神に感謝します。全世界であなたがたの信仰が語り伝えられているからです。私が御子の福音を伝えつつ心から仕えている神が証ししてくださることですが、私は絶えずあなたがたのことを思い、祈るときにはいつも、神のみこころによって、今度こそついに道が開かれ、何とかしてあなたがたのところに行けるようにと願っています。私があなたがたに会いたいと切に望むのは、御霊の賜物をいくらかでも分け与えて、あなたがたを強くしたいからです。というより、あなたがたの間にあって、あなたがたと私の互いの信仰によって、ともに励ましを受けたいのです。兄弟たち、知らずにいてほしくはありません。私はほかの異邦人たちの間で得たように、あなたがたの間でもいくらかの実を得ようと、何度もあなたがたのところに行く計画を立てましたが、今に至るまで妨げられてきました。私は、ギリシア人にも未開の人にも、知識のある人にも知識のない人にも、負い目のある者です。ですから私としては、ローマにいるあなたがたにも、ぜひ福音を伝えたいのです。」

この手紙全体と内容の重要性からいえば、最初と最後の部分の挨拶は軽く見られるかもしれません。しかし、聖書は決して単なる思想書ではありません。生きた神のことばにとらえられ、その信仰に生きた人々のことばです。立派な思想と実際の生活がかけ離れていることなどいくらでもあります。とりわけ、パウロは、この手紙を後世に残そうと考えて書いているのではありません。ただ、ローマにいる同じ信仰をもつ人々のために心を傾けて書いています。そのパウロの信仰者としてのあり方、生き様から学びましょう。

* * *

ローマにいる信徒たちに対する、パウロの挨拶は続きます。彼らに恵みと平安を祈ったパウロが、今度は同じように「**あなたがたすべてについて、イエス・キリストを通して私の神に**」感謝をささげるのです。彼らがパウロに対して何かをしてくれたからではありません。ローマ帝国の津々浦々、「**全世界であなたがたの信仰が語り伝えられているからです**」。

すべての道がローマに通じていたように、首都ローマの情報もまた、いち早く全国に広がって行ったことでしょう。そのローマの都に、イエス・キリストを信じる者たちがいる！　そのころ、パレスチナのアンティオキアから始まって、ようやくギリシア半島まで福音宣教の働きを広げてきたパウロにとって、自分のあずかり知らないうちにローマにまで福音は届いていた。神の救いの働きは進展していた。これがどれほど大きな驚きと喜びを「**御子の福音を伝えつつ心から**（神に）**仕えて**」いたパウロにもたらしたことか。

パウロの心は躍ります。彼が「**絶えずあなたがたのことを思い、祈るときにはいつも、神のみこころによって、今度こそついに道が開かれ、何とかしてあなたがたのところに行けるようにと願って**」いる、その抑えきれないほどの思いをだれよりもご存じなのは神だ、と彼は告白します。しかしそれは、決して彼の好奇心や、首都ローマの教会の指導者になろうという野心から出ている思いではありません。そうではなく、自分に与えられている「**御霊の賜物をいくらかでも分け与えて、あなたがたを強くしたいからです。というより、あなたがたの間にあって、あなたがたと私の互いの信仰によって、ともに励ましを受けたい**」からです。

パウロは今、ローマにいる信徒たちに「**兄弟たち**」と親しく呼びかけます。同じ信仰をもつ者同士として、信頼して訴えるのです。この自分の思いは、決して昨日や今日思いついたことではなく「**何度もあなたがたのところに行く計画を立てましたが、今に至るまで妨げられて**」きたことであり、しかも決してローマにいるあなたがたを特別視しているわけでもなく、「**ほかの異邦人たちの間で得たように、あなたがたの間でもいくらかの実を**

得ようと」願うからなのだ、と。なぜなら、そのように「ギリシア人（＝ギリシア語を話す教養ある人）にも未開の人にも、知識のある人（＝教育を受けた人）にも知識のない人にも」福音を伝えること、その「広さ、長さ、高さ、深さがどれほどであるか」（エペソ三・一八）をできうるかぎり伝えること、それが自分の「負い目（責任／使命）」だからだと、パウロは自分自身に言い聞かせるようにして告げるのです。

こうして今や、その「福音」を語る思いへと、パウロの心は整えられました。

＊　＊　＊

一　使徒パウロの目覚ましい働きは、彼の日々の深い神との交わりの生活に根ざしていました。日々祈りに覚えていることが、行動へとつながります。宗教改革者のマルティン・ルターは「きょうは忙しくて三時間しか祈れない！」と言ったとか。主のために大きな働きをした人々はみな、神との深い内的な交わりに支えられ導かれた人々です。祈りは、信仰者にとっての聖化の場だからです。神に対する祈りは、自分を正直にさらけ出してよいし、さらけ出すべきものです。パウロは、何度となくローマに行かせてくれるようにと願い続けたと記しています（Ⅱコリント一二・八も参照）。しかし、かなえられない。そのことによって、自分の思いとは違う神の御心を学ぶ。神の前に砕かれる。そうして主のしもべとしてふさわしく整えられていくのです。

二　パウロがローマの信徒たちを覚えて感謝しているのは、彼らが何かをしてくれたからではありません。ただ、彼らに信仰があるということを感謝しているのです。私たちは、信仰があることを前提に、さらにあれこれのことを願い感謝することが多いかもしれません。しかし、そもそも信仰をもっていること、今日までそれが保たれていること自体が奇跡です。信仰は、自分の力によるものではなく神の賜物だからです。信仰をもっている人がいるということは、その人にすでに神が働いておられること、その人を神が御心に留めておられることの何よりの証拠です。そのことを喜ぶ。何よりもまず、そのことを感謝しましょう。

三　パウロがローマに何としても行きたいと願ったのは、互いの信仰によって励まし合いたいからです。自分にたくさんの賜物があるから教えてあげようというのではありません。神の絶大な恵みを思えば、自分がもっているものなど取るに足りない。まして自分にあらゆる賜物があるわけでもありません。また、信仰の賜物は、教養や知識とは違うのです。神から与えられた互いの信仰に敬意を払い、それを分かち合うことによってお互いが励まされ成長させられる。これが信仰者の交わりの恵みです。自分の損得ではなく、また自分の教会や教派だけが成長すればよいという狭い考えでもなく、主の教会全体が成長するために、互いの賜物を用いて励まし合いましょう。

3　福音の力

〈ローマ一・一六―一七〉

「私は福音を恥としません。福音は、ユダヤ人をはじめギリシア人にも、信じるすべての人に救いをもたらす神の力です。福音には神の義が啓示されていて、信仰に始まり信仰に進ませるからです。『義人は信仰によって生きる』と書いてあるとおりです。」

「ギリシア人にも未開の人にも、知識のある人にも知識のない人にも」（一・一四）福音を伝えることが自分の使命なのだと、パウロは言いました。が、その教養あるギリシア人や知識人たちから福音をばかにされたことが、パウロにはありました（使徒一七・三二）。また、自分と同じユダヤ人たちにとっても、イスラエルに救いをもたらすメシアが十字架にかけられた人物であるなど、とんだお笑い草どころか冒瀆に値する狂気でした。だれよりもパウロ自身が、そのような冒瀆を信じる者たちを殺害しようと息巻いていたのですから（使徒九・一）。

しかし今、パウロは、帝国の首都ローマにいる信徒たちに対して、胸を張って断言するのです。「**私は福音を恥としません**」と。なぜなら「**福音は、ユダヤ人をはじめギリシア人にも、信じるすべての人に救いをもたらす神の力**」だからだ、と。このパウロの確信は、彼がコリントの町の信徒たちに繰り返し語ってきたことでした。

・十字架のことばは、滅びる者たちには愚かであっても、救われる私たちには神の力です（Ⅰコリント一・一八）。

・私たちは十字架につけられたキリストを宣べ伝えます。ユダヤ人にとってはつまずき、異邦人にとっては愚かなことですが、ユダヤ人であってもギリシア人であっても、召された者たちにとっては、神の力、神の知恵であるキリストです（同一・二三―二四）。

・私のことばと私の宣教は、説得力のある知恵のことばによるものではなく、御霊と御力の現れによるものでした。それは、あなたがたの信仰が、人間の知恵によらず、神の力によるものとなるためだったのです（同二・四―五）。

＊　　＊　　＊

パウロは、福音が「神の力」だと言います。福音とは、キリストだからです。しかもその力は私たちを滅ぼすのではなく、「信じるすべての人に救いをもたらす」力。はじめは

「ユダヤ人」に与えられたが、今や「ギリシア人（＝異邦人）」をも救う、想像を絶する「神の力」なのです。

しかし、ユダヤ人の独占物であったはずの神の救いが、異邦人にまで及ぶのはなぜか。そんな虫のいい話があっていいのか。それなら、ユダヤ人であることの意味はいったいどこにあるのか。そもそも、そんな話は神ご自身のことば（旧約聖書）と矛盾しないのか、等々。いくらでも疑問が生まれてきます。そして、それらすべてにパウロはこれから答えていきます。けれども今は、ごく簡単に述べるだけです。その意味で、ここには手紙全体の要約が記されているとも言えるでしょう。

いったいなぜ異邦人をも神の力は救うのか。それは、福音に「神の義が啓示されて」いるからだ、とパウロは続けます。「神の義」とは、絶対的な神の正しさのことです。同時に神の心や神の主権と言い換えることもできましょう。共通するのは、神がなさることは常に人の思いをはるかに超えているということ、そして、それは絶対に正しいということです。「神よ　あなたの義は天にまで届きます。あなたは大いなることをなさいました」と詩人は告白しました（詩篇七一・一九）。神の御心を知ることはついに許されませんでしたが、全能者からの語りかけに畏れかしこみ、しかし心から満足してひれ伏したヨブのように（ヨブ四二・一―六）、「神の義」の前に信仰者は喜んでひれ伏します。主の御心は、いつも正しいからです。

天にまで届く「神の義」が、地に住む私たちにハッキリと啓示された。それがあの十字架のキリストであった。人の知恵では思いも及ばない、神の壮大な救いのご計画、神の心がキリストその方であった。しかもその神の心が、すべての人を救うという〝福音〟ならどうでしょうか。人は、その神の一方的な救いの御業を喜んで受けとめる以外にない。徹頭徹尾信じるほかない。「**信仰に始まり信仰に進ませる**（＝信仰から信仰へ）」とは、そういうことでしょう。

このことは、しかも、決して旧約聖書の教えと矛盾するものではありませんでした。数ある聖書のことばから、パウロは今「**義人は信仰によって生きる**」という、ハバクク書二章四節を引用して示します。まるでヨブのように神の救いを叫び求める預言者に、神は「(救いは）必ず来る。遅れることはない」と答えます（ハバクク二・三)。高慢な者たちはその約束を素直には受けとめないであろう。「しかし、正しい人はその信仰（別訳＝真実）によって生きる」と。

興味深いことに、ここで「その」と訳されていることばは、ヘブル語では「彼（正しい人）の」ですが、ギリシア語七十人訳では「私（神）の」となっています。「正しい人は彼の信仰によって生きる」のか、「神の真実によって生きる」のか、パウロがどちらを念頭に置いていたのか、ここではよく分かりません。

いずれにしても、十字架のキリストに啓示された罪人を救って余りある神の力・神の義とは何か。それを信じて生きるとは、どのようなことなのか。パウロはいよいよ、その「福音」の全貌を語り始めます。

＊　＊　＊

一　愚かな福音を語り、この福音に生きるという愚かな生き方を恥としない。それは、知恵あることばで装うことでも、高級感をかもし出すことでもありません。神の御子が十字架に死ぬことによって人を救うという神の愚かさの前に、心を低くすることです。そして、人間には想像もできない神の大いなる愛に、心を高く上げて生きることです。

二　ヨーロッパの歴史を大きく変えていった十六世紀の宗教改革は、一人の人間のたましいの格闘から始まりました。当時、修道士であったマルティン・ルターは、このローマ人への手紙一章一七節の意味を悟りたいという燃えるような思いにかられていたのです。彼を悩ませていたのが、実に「神の義」ということばでした。ルターにとって「神の義」とは、神のさばきのこと。しかし、ある日突然、福音に啓示された「神の義」とは、自分で努力してつかむものではない。神が私に差し出してくださる義であって、私はただそれを信じるだけでよいのだと悟ります。そのとき、まるで天国の扉が大きく開かれていくように感じた、と彼は記しています。この福音の力が全ヨーロッパの歴史を変えていく原動力となりました。

三　それから二百年後のイギリスに、もう一人の悩める青年がいました。幼い時から聖書は知っていましたが、自分が救われているかどうかさえ分からない深い不安と自信喪失の中にいました。ある晩のこと、とある教会の集会でルターが記した『ローマ書序文』が読まれていた。神はキリストを信じる信仰によって人を救いたもう。そのことばを耳にした彼の心は不思議に熱くなり、この主イエスを信じて生きようとの揺るぎない確信と献身の思いがあふれてきました。八十八歳で世を去るまで、四十万キロを駆け巡り福音の説教をし続けたメソジスト教会の創始者ジョン・ウェスレーの誕生です。

福音の力を侮ってはなりません。それは「信じるすべての人に救いをもたらす神の力」だからです。

4　死に至る病

〈ローマ一・一八―三二〉

「というのは、不義によって真理を阻んでいる人々のあらゆる不敬虔と不義に対して、神の怒りが天から啓示されているからです。神について知りうることは、彼らの間で明らかです。神が彼らに明らかにされたのです。神の、目に見えない性質、すなわち神の永遠の力と神性は、世界が創造されたときから被造物を通して知られ、はっきりと認められるので、彼らに弁解の余地はありません。彼らは神を知っていながら、神を神としてあがめず、感謝もせず、かえってその思いはむなしくなり、その鈍い心は暗くなったのです。彼らは、自分たちは知者であると主張しながら愚かになり、朽ちない神の栄光を、朽ちる人間や、鳥、獣、這うものに似たかたちと替えてしまいました。

そこで神は、彼らをその心の欲望のままに汚れに引き渡されました。そのため、彼らは互いに自分たちのからだを辱めています。彼らは神の真理を偽りと取り替え、造り主の代わりに、造られた物を拝み、これに仕えました。造り主こそ、とこしえにほめたたえられる方です。アーメン。

こういうわけで、神は彼らを恥ずべき情欲に引き渡されました。すなわち、彼らのうちの女たちは自然な関係を自然に反するものに替え、同じように男たちも、女との自然な関係を捨てて、男同士で情欲に燃えました。男が男と恥ずべきことを行い、その誤りに対する当然の報いをその身に受けています。

また、彼らは神を知ることに価値を認めなかったので、神は彼らを無価値な思いに引き渡されました。それで彼らは、してはならないことを行っているのです。彼らは、あらゆる不義、悪、貪欲、悪意に満ち、ねたみ、殺意、争い、欺き、悪巧みにまみれています。また彼らは陰口を言い、人を中傷し、神を憎み、人を侮り、高ぶり、大言壮語し、悪事を企み、親に逆らい、浅はかで、不誠実で、情け知らずで、無慈悲です。彼らは、そのような行いをする者たちが死に値するという神の定めを知りながら、自らそれを行っているだけでなく、それを行う者たちに同意もしているのです。」

「ローマにいるあなたがたにも福音を伝えたい」と語ったパウロは、原文ではその後立て続けに「なぜなら」を繰り返しています。「なぜなら、私は福音を恥としないからだ」、「なぜなら、福音は神の力だからだ」、「なぜなら、福音には神の義が啓示されているからだ」、「(なぜなら、) **神の怒りが天から啓示されているからだ**」と。

これは、パウロが手紙を口述筆記させているためです。一つのことを語るたびに、次から次へと関連することが心に上ってくるのでしょう。別に言えば、神が福音によって啓示してくださったことがどれほど奥深く広範な内容をもつものか、ということです。今回は少々長い文章ですが、パウロの思いを理解するために一気に学びます。

＊　＊　＊

イエス・キリストの十字架の福音に、神の義が啓示されている。それはただ信仰によって受けとめるべきものです。このような福音が世界に必要だったのは「**不義によって真理を阻んでいる人々のあらゆる不敬虔と不義に**」対する「神の怒り」が世界に満ちているからです。否、むしろ、光り輝く神の義と愛が福音によって啓示されたからこそ不義に対する神の怒りが、信仰に生きるというすばらしい生き方が示されたからこそ人間の醜さが明らかにされたとも言えるでしょう。

「真理を阻む（＝抑える・縛る）」と言われるように、人はすでに「**神について知りうること**」を知っていたのです。「**神が彼らに明らかにされた**」からです。それは「**神の、目に見えない性質、すなわち神の永遠の力と神性**」であり、「**世界が創造されたときから被造物を通して知られ、はっきりと認められ**」ているものです（詩篇一九・一―六、使徒一七・二二―三一参照）。したがって、人間には「**弁解の余地はありません**」。神性に対する感覚や畏れをもちながら、人知を超える「**神を神としてあがめず**（＝栄光を帰さず）、**感謝もせず**」、かえって空虚なものに従って「**その思いはむなしくなり、その鈍い心は暗くなった**」からです（エレミヤ二・五参照）。人間は「**自分たちは知者である**」（創世三・六参照）と主張しているかもしれませんが、その実、「**愚か**」です。本来の「**朽ちない神の栄光を、朽ちる人間や、鳥、獣、這うものに似たかたちと替えて**」しまったからです。

パウロはここで、おそらくは異教徒に対するユダヤ教的偶像崇拝批判（たとえば、外典・知恵の書一三―一五章など）を用いて語っていると思われますが、偶像崇拝そのものは、旧約のイスラエルもまた繰り返し犯してきた罪です。偶像崇拝とは、結局のところ、神の栄光を人間の栄光へとすり替える人間中心の利己主義にほかなりません。

このように利己的な人間の不義に対する神の怒りの現れは、しかし、それを叱責するよりもむしろ、人間を不義に引き渡してしまうことでした。叱っても言うことを聞かない子どもに自分の過ちを思い知らせるために、好きにさせるのと似ています。以下、パウロは三つの「引き渡し」について語ります。

第一に、「**神は、彼らをその心の欲望のままに汚れに引き渡されました**」。「**神の真理を偽りと取り替え**」る人間は「**造られた物……に仕える**（＝礼拝する）」という宗教的体裁を取りながら、その実、忌まわしい諸々の欲望を正当化します。このような恐るべき汚れについて語るなかで「**造り主**」と口にしたパウロは、思わず「**造り主こそ、とこしえにほ**

めたたえられる方です。アーメン」と言わずにいられないほどでした。

第二に、**「神は彼らを恥ずべき情欲に引き渡されました」**。神々の前での欲望の正当化は、容易に倒錯した人間関係の正当化を促します。ギリシア・ローマ世界の価値観では許容されていた同性愛行為を、神が造られた「自然に反する」行為だとパウロは明言し、その「誤り（＝倒錯）」から様々なトラブルが生じていることを指摘します。

第三に、**「神は彼らを無価値な思いに引き渡されました」**。**「神を知ることに価値を認め」**ない心からは**「あらゆる不義、悪、貪欲、悪意」**があふれ出ます。その心は、やがて他者を害する思い（**ねたみ、殺意、争い、欺き、悪巧み**）、自らを高しとする思い（**陰口を言い、人を中傷し、神を憎み、人を侮り、高ぶり、大言壮語し、悪事を企み、親に逆らい**）、もはや人とも言えない思い（**浅はかで、不誠実で、情け知らずで、無慈悲**）による行動へと人を駆り立てます。しかも**「彼らは、そのような行いをする者たちが死に値するという神の定めを知りながら、自らそれを行っているだけでなく、それを行う者たちに同意もしているのです」**。絶対者を認めない心の暴走を止めることは、だれにもできません。

歴史家タキトゥスは、ローマのことを「世界中からおぞましい破廉恥なものがことごとく流れ込んで、もてはやされる都」と呼んでいます（『年代記』一五・四四）。パウロがここに描いた倒錯した人間社会の現実を、手紙の読者たちは日常的に目にしていたことでしょう。

＊　　＊　　＊

一　神がどれほど人間を愛して恵みを与え続けておられるかを知れば知るほど、人間の忘恩ぶりと身勝手さが際立ちます。まるで父の遺産を食い潰しながら身勝手に生きる放蕩息子のようです（ルカ一五・一一以下）。息子は父の心などまるで理解しようとしませんでした。罪の意識さえない。父の家に帰ろうとしたのも、飢えを満たすためでした。この息子が父の心を本当に悟るのは、家に戻った自分の罪を何一つ責め立てることなく、ただ大喜びで父が抱きしめてくれた時です。

二　生まれついた性質のことを「自然」と呼ぶことがあります。しかし、パウロの言う「自然」は、造り主である神が天地万物を創造なさった時の（堕落以前の）状態のことです。これは大きな違いです。同性愛的傾向やアルコール癖や盗難癖などの生まれもった性質と、それらの行為の是非は全く別の問題です。パウロの時代の倫理と今日の状況を一緒に論じることはできませんし、何よりも一人ひとりの状況を丁寧に考えなければなりませんが、創造者の「自然」を基準にしなければならないことは同じです。

三　ちょうど坂道を上って行く機関車から切り離された客車のように、創造者から離れた人間社会は破滅への下り坂を突き進むほかありません。これが、パウロがここに描いている姿です。このような現実世界に対する絶望、そうして死に至るしかない人間の絶望を、デンマークの哲学者セーレン・キェルケゴールは〝死に至る病〟と呼びました。そして、その絶望に対する唯一の解決は真の神への信仰だ、と。パウロは、しかし、いまだその答えを語りません。ちょうど作家の三浦綾子が『塩狩峠』の中で描いたように、ゆっくりと確実に坂を堕《お》ちて行く客車の不気味さ、身も凍るような戦慄を描いていくのです。それをしっかりと受けとめなければ、やがて客車から身をなげうって、自分の命と引き換えに客車を止めた主人公の行為（キリストの犠牲）を理解することはできないからです。

5　神のさばき

〈ローマ二・一―一六〉

「ですから、すべて他人をさばく者よ、あなたに弁解の余地はありません。あなたは他人をさばくことで、自分自身にさばきを下しています。さばくあなたが同じことを行っているからです。

そのようなことを行う者たちの上に、真理に基づいて神のさばきが下ることを、私たちは知っています。

そのようなことを行う者たちをさばきながら、同じことを行っている者よ、あなたは神のさばきを免れるとでも思っているのですか。

それとも、神のいつくしみ深さがあなたを悔い改めに導くことも知らないで、その豊かないつくしみと忍耐と寛容を軽んじているのですか。あなたは、頑なで悔い改める心がないために、神の正しいさばきが現れる御怒りの日の怒りを、自分のために蓄えています。

神は、一人ひとり、その人の行いに応じて報いられます。忍耐をもって善を行い、栄光と誉れと朽ちないものを求める者には、永遠のいのちを与え、利己的な思いから真理に従わず、不義に従う者には、怒りと憤りを下されます。

悪を行うすべての者の上には、ユダヤ人をはじめギリシア人にも、苦難と苦悩が下り、善を行うすべての者には、ユダヤ人をはじめギリシア人にも、栄光と誉れと平和が与えられます。神にはえこひいきがないからです。

律法なしに罪を犯した者はみな、律法なしに滅び、律法の下にあって罪を犯した者はみな、律法によってさばかれます。なぜなら、律法を聞く者が神の前に正しいのではなく、律法を行う者が義と認められるからです。

律法を持たない異邦人が、生まれつきのままで律法の命じることを行う場合は、律法を持たなくても、彼ら自身が自分に対する律法なのです。彼らは、律法の命じる行いが自分の心に記されていることを示しています。彼らの良心も証ししていて、彼らの心の思いは互いに責め合ったり、また弁明し合ったりさえするのです。私の福音によれば、神のさばきは、神がキリスト・イエスによって、人々の隠された事柄をさばかれるその日に行われるのです。」

あることを何とか分かってもらおうと口で説明する場合、少しずつ言い方を変えて、同じことを何度も繰り返すことがあります。パウロがここで語っているのも、それに似ています。内容的にはひと続きですが、少しでもその繰り返しが分かりやすいように、右の聖書本文をいくつもの段落に分けてみました。

＊　　＊　　＊

「不義によって真理を阻んでいる人々のあらゆる不敬虔と不義に対して、神の怒りが天から啓示されている」（一・一八）人間社会の倒錯した姿を語ったパウロは、そのような神の怒りをまるで他人事のように考えてしまいがちな人間に対して、「あなた」という二人称単数形を用いて挑発的に語り始めます。

立場上、人をさばく（判断する）仕事をする人だけでなく、「**すべて他人をさばく者よ、あなたに弁解の余地はありません。あなたは他人をさばくことで、自分自身にさばきを下していいます。さばくあなたが同じことを行っているからです**」。たとい偶像崇拝や倒錯した性行為を批判できたとしても、心の中に一片の悪しき思いもないとだれが言いきれるでしょう。そうであれば「あなた」も同罪なのだ、とパウロは言い放ちます。神の真理を阻んで（抑えつけて）自分の好き勝手をしたとしても、真理そのものがなくなるわけではありません。「**そのようなことを行う者たちの上に、真理に基づいて神のさばき**」は確実に下ります。

それにもかかわらず、「**神のさばきを免れるとでも思っている**」ならば、それは「**神の**

いつくしみ深さがあなたを悔い改めに導くことも知らないで、その豊かないつくしみと忍耐と寛容を軽んじている」ことになります。なぜなら、神がさばきをすぐにも下されないのは、私たちが悔い改めることをひたすら待っておられるからです。それでも「**頑なで悔い改める心がない**」のであれば、それはただ「**神の正しいさばきが現れる御怒りの日の怒りを、自分のために蓄えて**」いるだけです。

人間のさばきとは異なる、この神の「正しいさばき（原語は一語。新約ではここのみ）」は、どのように「正しい」のでしょうか。

第一に、それは人間を十把《じっぱ》一絡《ひとから》げにさばくのではなく、「**一人ひとり、その人の行いに応じて報い**」を与えるものです（詩篇六二・一二、箴言二四・一二）。「**忍耐をもって善を行い、栄光と誉れと朽ちないものを求める者には、永遠のいのちを与え、利己的な思いから真理に従わず、不義に従う者には、怒りと憤りを下され**」る、きわめて公平なさばきです。

第二に、民族によって区別することをしません。「**悪を行うすべての者の上には、ユダヤ人をはじめギリシア人**（＝異邦人）**にも、苦難と苦悩が下り、善を行うすべての者には、ユダヤ人をはじめギリシア人にも、栄光と誉れと平和が与えられます。**」神は「**えこひいき**（＝顔で取ること）**がない**」公平な方です（申命一〇・一七、ヨブ三四・一九）。

それゆえ、第三に、「行い」を問題にするのですから、神が選民イスラエルにお与えになった「律法」でさえも、さばきの基準になることはあっても、それを逃れる保証にはなりません。「**律法なしに罪を犯した者はみな、律法なしに滅び、律法の下にあって罪を犯した者はみな、律法によってさばかれます。なぜなら、律法を聞く者が神の前に正しいのではなく、律法を行う者が義と認められるからです。**」この点でも、神は公平です。

ちょうど神について知りうることがすべての人に明らかであるように（一・一九）、文書としての「**律法**（＝法）を**持たない異邦人が、生まれつきのままで律法の命じることを行う場合は、律法を持たなくても、彼ら自身が自分に対する律法**（＝法）**なのです**」。それというのも、「**彼らは、律法の命じる行い**（＝律法の働き）**が自分の心に記されていることを示して**」いるからです。それはいわば「良心」の働きであって、諸々の「**心の思い**」が〝心の声〟として「**互いに責め合ったり、また弁明し合ったり**」することに現れています。そのような「**人々の隠された事柄**」は「**神がキリスト・イエスによって……さばかれるその日に**」明らかになるというのが、パウロの「**福音**（＝キリストに関する教え）」の確信なのです。

＊　＊　＊

一　先に、自分のしていることが死に値することを知っていながらやめられない人々について語られました（一・三二）。彼らは確かに不義に生きているかもしれませんが、少なくとも自分のしていることが悪いと自覚しています。しかし、自分が悪人だとは思っていない人々、いつでも他人の責任にする人々のなんと多いことか。自分の非を認められない人々のなんと頑ななことか。「あなたは、兄弟の目にあるちりは見えるのに、自分の目にある梁には、なぜ気がつかないのですか。……偽善者よ、まず自分の目から梁を取り除きなさい」（マタイ七・三、五）と言われた主イエスのおことばどおりです。私たちは、だれか他の人のことを思い浮かべるべきではありません。「あなたです！」とのみことばの前に弁解できない自分の姿をこそ真摯に見つめるべきです（Ⅱサムエル一二・七）。

二 〝神は不公平だ〟と言われることがあります。善良な人に不幸が降りかかり、悪人が幸せに生きているという理不尽な現実に納得がいかないからです（ヨブ記や伝道者の書はその問題を扱っています）。しかし、そのように考えることは、二つの点で間違っていまず。一つは、だれが善良でだれが悪人か、何が幸せで何が不幸かを自分で判断しているからです。言い換えれば、自分を神の立場に置いているという点です。もう一つは、人の幸福・不幸をこの世の基準でしか見ていないという点です。神は公平な方です。「神の正しいさばきが現れる御怒りの日」に、一人ひとりの一生は、恐ろしいほど公平にさばかれることを心に留めましょう。むしろ、すべての人が悔い改める（立ち返る）ことをひたすら忍耐して待ち続けておられる神のいつくしみをこそ深く思い巡らすべきです。

三 神にはえこひいきがありません。「人はうわべを見るが、主は心を見る」（Ⅰサムエル一六・七）。表面的な行いだけを見れば、すばらしい人々はこの世にはたくさんいるでしょう。しかし、人の心の中を見ることはだれにもできません。自分の心の闇をかき消すために善行に励む人さえいるのです。逆に、見つからなければ罪に問われることはないと、ときに立場や権力を乱用して自分の罪をもみ消す人さえいるでしょう。しかし「隠された事柄」をことごとく白日の下にさらして公平にさばかれる方がおられます。だれにも言わずに隠してきたことが暴かれる日が来ます。それは、神が「キリスト・イエスによって」さばかれる日です。問題は、このさばき主であるキリストを大いなる恐れと嘆きをもって見上げるのか（黙示録一・七）、それとも歓喜の涙をもってお迎えするのか（テトス二・一三―一四）ということです。最後の審判が「福音」となるかどうかが、その日に明らかにされるのです。

6　知識の誇り

〈ローマ二・一七—二九〉

「あなたが自らユダヤ人と称し、律法を頼みとし、神を誇り、みこころを知り、律法から教えられて、大切なことをわきまえているなら、また、律法のうちに具体的に示された知識と真理を持っているので、目の見えない人の案内人、闇の中にいる者の光、愚かな者の導き手、幼子の教師だ、と自負しているなら、どうして、他人を教えながら、自分自身を教えないのですか。盗むなと説きながら、自分は盗むのですか。姦淫するなと言いながら、自分は姦淫するのですか。偶像を忌み嫌いながら、神殿の物をかすめ取るのですか。律法を誇りとするあなたは、律法に違反することで、神を侮っているのです。『あなたがたのゆえに、神の御名は異邦人の間で汚されている』と書いてあるとおりです。

もしあなたが律法を行うなら、割礼には価値があります。しかし、もしあなたが律法の違反者であるなら、あなたの割礼は無割礼になったのです。ですから、もし割礼を受けていない人が律法の規定を守るなら、その人の無割礼は割礼と見なされるのではないでしょうか。からだは無割礼でも律法を守る人が、律法の文字と割礼がありながらも律法に違反するあなたを、さばくことになります。外見上のユダヤ人がユダヤ人ではなく、また、外見上のからだの割礼が割礼ではないからです。かえって人目に隠れたユダヤ人がユダヤ人であり、文字ではなく、御霊による心の割礼こそ割礼だからです。その人への称賛は人からではなく、神から来ます。」

これまでパウロは、キリストの福音に啓示された神の義の対極にある人間の不義の現実について語ってきました。それは倒錯した人間社会の姿であり、他人をさばきながら自分でも同じことをするねじ曲がった人の心の姿でもありました。これらは「ユダヤ人をはじめギリシア人にも」、だれにでも当てはまる現実だと言ってよいでしょう。

しかし、パウロはここに至ってはっきりと「ユダヤ人」を名指しで挙げて、厳しい批判の矛先を向けています。注意したいのは、「ユダヤ人」一般に対して語っているのではなく、「あなた」という架空の人物を相手に語っている点です。ひょっとすると、パウロは、かつての自分の姿を重ね合わせて語っているのかもしれません。

＊　　＊　　＊

ダビデ—ソロモンによって築かれたイスラエル統一王国が南北に分裂した後、北のイスラエル王国・南のユダ王国は相次いで滅亡し、民は捕囚として連れ去られて行きました。このうち南のユダ王国出身の人々が「ユダヤ人」と呼ばれるようになり（エレミヤ四〇・一一、ダニエル三・八等）、神殿崩壊後は何よりも律法に生きる民となりました。「律法を頼みとし、神を誇り、みこころを知り、律法から教えられて、大切なことをわきまえている」ことこそが、彼らのアイデンティティでした。「律法のうちに具体的に示された知識と真理」は、ギリシア人が誇る哲学の知識（ローマ一・一四）よりもはるかに古く、被造物を通して知られる知識（同一・二〇）とは比べものにならないほど明確なものです。それゆえに、この律法を有しているユダヤ人、とりわけ律法の教師たちは「目の見えない人の案内人、闇の中にいる者の光、愚かな者の導き手、幼子の教師だ、と自負して」いたのです。

しかし、そうであれば、「どうして、他人を教えながら、自分自身を教えないのですか。盗むなと説きながら、自分は盗むのですか。姦淫するなと言いながら、自分は姦淫するのですか。偶像を忌み嫌いながら（異教の）神殿の物をかすめ取るのですか」とパウロは問いつめます。律法を「頼みとし、誇り、知り、教えられ、わきまえている」ことと、その律法に従って生きることとは全く別のことだからです。「律法を誇りとするあなたは、律法に違反することで、神を侮っているのです。『あなたがたのゆえに、神の御名は異邦人の間で汚されている』と書いてあるとおりです。」ユダヤ人とは、本来〝主を讃える〟

人々という意味です。その人々が神の御名を汚しているとは、なんという皮肉でしょう！

さらにパウロは、ユダヤ人のもう一つの誇りである「割礼」を問題にします。生後八日目に男の赤ちゃんに施される割礼は、生涯消え去ることのない神との契約のしるしでした（創世一七・一〇以下）。他方で、パウロの時代、聖書の神を信じて律法の教えに従順でありながら割礼を受けるに至らない〝神を恐れる〟異邦人たちもいました（使徒一〇・二参照）。彼らとユダヤ人との違いは、ただ割礼だけです。その場合、割礼にはいったい何の意味があるのでしょうか。そもそも割礼は、神の御前に全き者として歩む（創世一七・一）ことのしるしであったはずです。したがって、「もしあなたが律法を行うなら、割礼には価値があります。しかし、もしあなたが律法の違反者であるなら、あなたの割礼は無割礼」、すなわち無価値ではないか、とパウロは言い放ちます。

「からだは無割礼でも律法を守る人が、（律法の）文字と割礼がありながらも律法に違反するあなたを、さばくことになります。外見上のユダヤ人がユダヤ人ではなく、また、外見上のからだの割礼が割礼ではないからです。かえって人目に隠れたユダヤ人がユダヤ人であり、文字ではなく、御霊による心の割礼こそ割礼だからです。」これは、ユダヤ人の既成概念を根底から覆す痛烈な批判です。しかし、この批判もまた、旧約聖書の教え（申命一〇・一六、三〇・六、エレミヤ四・四等）に深く根ざしているために反論できません。何より、この御霊による新しい心こそ、新しい神の民のしるしなのでした（エゼキエル一一・一九―二〇、三六・二六―二七)。そのような栄誉は、しかし、決して「人から」与えられるものではなく、ただ「神から」のみ与えられるのです。

＊　＊　＊

一　聖書という書物を神の啓示と信じる信仰には――ユダヤ教であれキリスト教であれ――必ず知的な側面が伴います。神というお方を知るために聖書を学ぶことが不可欠だからです。しかし、聖書を知ることと、そのことばに生きることとは別のことです。それにもかかわらず、聖書の知識を誇る思いが起こります。未信者の家族や友人たちに対して、聖書や教理をよく学んでいない人々に対して、まるで自分は何でも分かっているかのように。しかし、私たちはいったい何を知っているというのでしょう。知っているというのなら、どれほどその知識にふさわしく生きているというのでしょう。神を侮ってはなりません。真の神知識は、私たちを常に謙遜にさせるものです。

二　パウロの語りには、イスラエルの宗教的指導者たちを厳しく批判した預言者や主イエスの響きがあります。とりわけ「わざわいだ、目の見えない案内人たち」と律法学者やパリサイ人たちの偽善を糾弾されたイエスのことばを想起させます(マタイ二三・一三以下)。その批判の中心は、形式主義に堕した生ける神不在の信仰にありました。別に言えば、命なき礼拝、命なき信仰です。これも、ユダヤ教に限ったことではないでしょう。それでは、どうすれば、その〝命〟を回復することができるか。それこそが、実に（パウロがこれから明らかにしていく）イエス・キリストの福音によってもたらされる御霊の働きなのです（Ⅱコリント三・一七―一八も参照）。

三　パウロがここで聖書のことばとして言及している「あなたがたのゆえに、神の御名は異邦人の間で汚されている」は、イザヤ書五二章五節、エゼキエル書三六章二〇、二三節などを合わせたものです（このような引用の仕方はよくあります）。大切なのは、これらのいずれのテキストも、その直後に福音の約束が語られていることです。イザヤ書では、次の六節で「それゆえ、わたしの民はわたしの名を知るようになる」とあり、七節からは「良い知らせを伝える人の足は……なんと美しいことか」という有名な福音宣教の約束が続きます。エゼキエル書では、二六節で「あなたがたに新しい心……新しい霊を与える」と約束されています。つまり、パウロは、痛烈なユダヤ人批判の先に福音の光を見ているということです。神の民は、神の御前に絶えず砕かれなければなりません。そうして砕かれた民をこそ、神はご自分の器としてお用いになるからです。

7　神の真実と私の偽り

〈ローマ三・一―八〉

「それでは、ユダヤ人のすぐれている点は何ですか。割礼に何の益があるのですか。あらゆる点から見て、それは大いにあります。第一に、彼らは神のことばを委ねられました。では、どうですか。彼らのうちに不真実な者がいたなら、その不真実は神の真実を無にするのでしょうか。決してそんなことはありません。たとえすべての人が偽り者であるとしても、神は真実な方であるとすべきです。

『それゆえ、あなたが告げるとき、
あなたは正しくあられ、
さばくとき、勝利を得られます』

と書いてあるとおりです。

では、もし私たちの不義が神の義を明らかにするのなら、私たちはどのように言うべきでしょうか。私は人間的な言い方をしますが、御怒りを下す神は不義なのでしょうか。決してそんなことはありません。もしそうなら、神はどのようにして世界をさばかれるのですか。では、もし私の偽りによって神の真理がますます明らかにされて、神の栄光となるのなら、どうして私はなおも罪人としてさばかれるのですか。『善をもたらすために悪を行おう』ということになりませんか。私たちがそう言っていると、ある者たちから中傷されています。そのように中傷する者たちが、さばきを受けるのは当然です。」

律法を知っていること・割礼を受けていることさえ（神の御心に生きないのであれば）何の役にも立たない、とパウロは言いきりました。「**それでは、ユダヤ人のすぐれている点は何ですか**」という疑問が起こるのは当然です。これまでの流れからすれば、ユダヤ人のすぐれている点など〝全くない〟というのが、その答えでしょう。ところが、パウロは「**あらゆる点から見て、それは大いにあります**」と答えます。そして「**第一に**」と語り始めるのですが、第二・第三が続きません。実は、このユダヤ人問題は、九章から一一章にかけて論じられる大問題です（九・四以下と比較）。手紙全体の内容がすでに頭の中にあるパウロの語りには、時折、こうして予告編のようにチラホラと前もって触れられる場合があります。

＊　　　＊　　　＊

ユダヤ人の大いにあるすぐれた点の第一は、何よりも**「神のことばを委ねられ」**たことです（詩篇一四七・一九―二〇を参照）。興味深いのは「神のことば」が複数形（当時のギリシア語では〝託宣〟の意）で、パウロ書簡ではここにしか出てこないことです。おそらくは、一章一九節以下で言われた「律法のうちに具体的に示された」諸々の教えのことが念頭にあるのでしょう。大切なのは、それらの神のことば（託宣）が「委ねられた」と言われている点です。委ねるのは、与えることと違います。相手を信頼して任せることです。ところが、委ねられた者たちがそれに応えなかった、不誠実であった。

「では、どうですか。彼らのうちに不真実（不誠実）な者がいたなら、その不真実は神の真実を無にするのでしょうか。決してそんなことはありません。」ここで「真実」と訳されている単語は、「信仰」という単語と同じです。これは聖書（とりわけローマ人への手紙）を理解するうえで、とても重要な概念です。聖書における「信仰」とは、イワシの頭も信心とか、ありえないことを信じるとか、そういうレベルの話ではありません。聖書にご自分を啓示された神というお方を信頼することです。そのことばに信頼し、この方に対して誠実に生きることです。その意味では、〝誠実〟や〝まこと〟と訳すこともできます。

それとはまた異なる意味の「真実」という単語を使って、パウロは**「たとえすべての人が偽り者であるとしても、神は真実な方であるとすべきです（……とせよ！）」**と続けます。ここでの「真実」は偽りに対する真実のことです。そのような人間の偽りと神の真実を如実に表すことばとしてパウロが引用するのは詩篇五一篇四節です。罪を暴かれたダビデが、神の正しさを告白することばです。「それゆえ、あなたが告げるとき、あなたは正しくあられ、さばくとき、勝利を得られます。」

直前の「さばき」ということばに触発されたからでしょうか。パウロは法廷の場面を想像しつつ、議論を重ねます。「もし私たちの不義が神の義を明らかにするのなら、私たちはどのように言うべきでしょうか……。御怒りを下す神は不義なのでしょうか。」また「もし私の偽りによって神の真理がますます明らかにされて、神の栄光となるのなら、どうして私はなおも罪人としてさばかれるのですか。『善をもたらすために悪を行おう』ということになりませんか」と。人間の不義・偽りが神の栄光となるのなら、それに対して怒りをあらわす神は不当ではないか、という屁理屈です。「私たちがそう言っていると、ある者たちから中傷されています」と言われているように、どうやらパウロたちの〝福音〟宣教が（とりわけユダヤ人から）誤解されていたようです。

このような屁理屈の間違いの一つは、全知全能の神を人間のレベルにまで引き下げている、すなわち「人間的な言い方」をしている点です。神と自分を同じ立場に置いて損得勘定を論じているのです。しかし、神は万物の創造者です。もし人間と対等であるのなら、「神はどのようにして世界をさばかれるのですか」とパウロが言うとおりです。もう一つの誤りは、神のさばきの恐ろしさを知らないことです（ヘブル一〇・三一参照）。すでに二章で学んだとおり、神のさばきは、決して人に媚びたりはしない。屁理屈の如何《いかん》に関わらず、正しい者と悪しき者とに厳然と執行されます。したがって、「**そのように中傷する者たちが、さばきを受けるのは当然です**」。

これらの議論は一見不要に思えるかもしれません。しかし、こうしてパウロは考えつくかぎりの抜け道を塞ぎ、人間による一切の言い訳を封じ込めて、いよいよ結論を語る備えをしたのです。

＊　＊　＊

一　ダビデは、自分の犯した罪を隠蔽しようと謀りました。それはまるで神から身を隠したアダムとエバのようです。もちろん、神の前に隠しおおせるはずがありません。預言者ナタンを通して自分の罪が暴かれたときに、その罪を認め、心から悔いて告白したことばが、先に引用された詩篇五一篇です。あなたの告発は正しく、さばきは常に勝利される、と。それは、別言すれば、あなたは私に対して常に真っ直ぐであられるということです。なのに、私はあなたの目をごまかして、あなたとの関係を曲げようとした。ダビデはそれを悔い、再び神に対して真っ直ぐに向き直ろうとしました。それが信仰というものです。

二　神と論じ合おうとしたヨブの過ちもまた、神のことを自分はまるでよく知っているかのように思い上がった点にありました。そのようなヨブに対して神は、「非難する者が全能者と争おうとするのか。神を責める者は、それに答えよ」（ヨブ四〇・二）と迫ります。するとヨブは「ああ、私は取るに足りない者です。あなたに何と口答えできるでしょう」（四〇・四）と答え、神の御前に自分を蔑み、悔いるのです（四二・六）。ヨブのような「誠実で直ぐな心を持ち、神を恐れて悪から遠ざかっていた」（一・一）人でさえ、このような過ちを犯すのです。パウロが示した屁理屈をだれがばかにすることができましょうか。

三　パウロの議論を注意深く見ると、「彼ら」の不真実、「私たち」の不義、「私」の偽りというふうに、三人称複数から一人称単数へと移っていることに気づきます。ここでもパウロは、単にユダヤ人たちの不真実を責めているのでも、私たち一般の不義を論じているのでもなく、この「私」の偽りに気づかせようとしているのです。真実を覆い隠し、まるでヘビのようにクネクネとすり抜けようとする「私」の偽りです。しかし、そのような偽りを決して見逃さない神の真実がある。偽りに満ちた世の中で、ただ一人、その真実を曲げない方がおられる。私たちが顔を背けようが不誠実であろうが、ただ一人、決して裏切ることなく真っ直ぐに向き合い続ける方がおられるのです。もはや抜け道はありません。言い訳もできません。このお方の真実に背を向けて生き続けるか、それとも真っ直ぐに向き直って生きる道を選ぶか、どちらかです。

8　義人はいない

〈ローマ三・九―二〇〉

「では、どうなのでしょう。私たちにすぐれているところはあるのでしょうか。全くありません。私たちがすでに指摘したように、ユダヤ人もギリシア人も、すべての人が罪の下にあるからです。次のように書いてあるとおりです。

『義人はいない。一人もいない。
悟る者はいない。神を求める者はいない。
すべての者が離れて行き、
だれもかれも無用の者となった。
善を行う者はいない。だれ一人いない。』
『彼らの喉は開いた墓。彼らはその舌で欺く。』
『彼らの唇の下にはまむしの毒がある。』
『彼らの口は、呪いと苦みに満ちている。』
『彼らの足は血を流すのに速く、

彼らの道には破壊と悲惨がある。

彼らは平和の道を知らない。

『彼らの目の前には、神に対する恐れがない。』

私たちは知っています。律法が言うことはみな、律法の下にある者たちに対して語られているのです。それは、すべての口がふさがれて、全世界が神のさばきに服するためです。なぜなら、人はだれも、律法を行うことによっては神の前に義と認められないからです。律法を通して生じるのは罪の意識です。」


神の義に対する人の不義のありさまをあらゆる側面から暴いてきたパウロは、いよいよその結論に達します。「**義人はいない。一人もいない。**」これが結論です。

＊　　＊　　＊

〝ユダヤ人にはすぐれている点が大いにある〟（三・一―二）と言われた、そのすぐれた点とは、結局のところ、彼らの不真実によっても決して損なわれることのない神のことばが委ねられている、ということでした。

そこで、改めて問われる「**私たちにすぐれているところはあるのでしょうか**」という問いに対する答えは、今度こそ明確に「**全くありません**」というものです。これまでの議論を通して、パウロが指摘したかったことは「**ユダヤ人もギリシア人も、すべての人が罪の下にある**」ということなのでした。

しかし、そのことは、何もパウロが指摘するまでもなく、神のことばそのものが繰り返し教えていることでした。パウロは、ここで、それにまつわる旧約聖書のことばの数々を（ヘブル語からであろうがギリシア語訳からであろうが）頭の中から数珠つなぎのように並べていきます。

最初にパウロが引用する詩篇一四篇は、実に適切な引用です。「愚かな者は心の中で『神はいない』と言う。彼らは腐っていて 忌まわしいことを行う。善を行う者はいない」という有名なこの詩篇は、文字どおりに取れば、真の神を知らない〝異邦人〟に当てはめることができるからです。しかし、詩篇はさらに続けます。「主は天から人の子らを見下ろされた」（詩篇一四・二）。異邦人のみならず、神の民イスラエルの中にさえ「**義人はいない。一人もいない**」！

その心は腐っており――

「**悟る者はいない。神を求める者はいない。**
すべての者が離れて行き、だれもかれも無用の者となった。
善を行う者はいない。だれ一人いない。」（詩篇一四・二―三、伝道者七・二〇）

その語ることばにおいて――

「彼らの喉は開いた墓。彼らはその舌で欺く。」（詩篇五・九）
「彼らの唇の下にはまむしの毒がある。」（詩篇一四〇・三）
「彼らの口は、呪いと苦みに満ちている。」（詩篇一〇・七）

その行動において――
「彼らの足は血を流すのに速く、
彼らの道には破壊と悲惨がある。
彼らは平和の道を知らない。」（イザヤ五九・七―八）

そして、その信仰において――
「彼らの目の前には、神に対する恐れがない。」（詩篇三六・一）

神のことばをもっていない異邦人は言うまでもなく、もっていると誇っているユダヤ人もまた、否、もっていればこそ、いっそう言い逃れはできない。なぜなら「律法が言うことはみな、律法の下にある者たちに対して語られている」からです。そして「律法の下にある者たち」自身が、「義人はいない」という現実を証言せざるをえないのです（パウロの引用が〝律法〟以外の箇所からであることに注意）。

こうして行き着く先は、「すべての口がふさがれて、全世界が神のさばきに服するためです。なぜなら、人（＝肉）はだれも、律法を行うことによっては神の前に義と認められないからです」。肉の塊にすぎない私たち人間の中には、神のことばを行う力など、どこにも見当たりません。むしろ「律法を通して生じるのは罪の意識」だけです。まるでガンに冒されているように、自分の思いもことばも行動も、すべてがこの「罪」によって蝕《むしば》まれている。そのことを自覚させられるのみです。「義人はいない。一人もいない」！

＊　＊　＊

一　ユダヤ人であれギリシア人であれ、自然の光であろうと良心の声であろうと、神のことばを保持していようといまいと、そこには何の違いもありません。結局、問題は、私たち人間の中にそれに従う力がないということです。パウロはここで初めて「罪」という単語（単数形）を用います。これは、諸々の〝悪事〟ということではなく、私たち肉にすぎない人間を支配する力のことです。この「罪」の力に対して、人間は全く無力であって、何の抵抗もできない。というよりも、「罪の下にある」という現実に、自分でも気づいていないのです。

二　それはまるで虚構の世界を生きているようなものです。自分で何でもできるかのように錯覚し、自分たちはさほど悪い者でもないかのように思い込む。しかし、そのような虚像を暴くのは「律法（神のことば）」です。律法は、人間のありのままの姿を鏡のように映し出すからです（ヤコブ一・二三参照）。頭のてっぺんから足のつま先まで、その姿全体を偽ることなく細部に至るまで明らかにします。鏡が悪いのではありません。そこに湧き起こる「罪の意識」、私たちの醜い真の姿を認めようとしない頑なさが問題なのです。

三「義人はいない。一人もいない。」この結論から、一歩も引くことはできません。もしそれを少しでも割り引こうとするのなら、もう一度初めからすべてを学び直さねばなりません。繰り返しますが、パウロが指摘してきたことは、人がみな〝悪人〟かどうかということではありません。そうではなく、全能者である神の前に、肉の塊にすぎない私たち人間が自分の正しさを主張できるか、ということです。この世では、威張っている人、頭の良い人、力のある人、財産のある人が幅をきかせているかもしれない。しかし、そんなものは神の御前では何の役にも立たない。神のさばきから逃れられる人は、一人もいない。それが、聖書の結論です。

四　厳しいことばです。私たちが決して逃れられないように追い込んでいくパウロの議論は、ノイローゼになりそうなほどです。しかし、私たちが全く罪の力に打ちのめされて倒れ伏すとき、もはや自分の力で立ち上がることさえできないとき、その絶望的な暗闇の中で惨めな自分を嘆くほかないとき、突如として、全く予期していなかった光が天から――罪が支配するこの世からではなく――差し込んでくる。それがイエス・キリストの福音の光なのです。

9　信仰による義

〈ローマ三・二一―二六〉

「しかし今や、律法とは関わりなく、律法と預言者たちの書によって証しされて、神の義が示されました。すなわち、イエス・キリストを信じることによって、信じるすべての人に与えられる神の義です。そこに差別はありません。すべての人は罪を犯して、神の栄光を受けることができず、神の恵みにより、キリスト・イエスによる贖いを通して、価なしに義と認められるからです。神はこの方を、信仰によって受けるべき、血による宥《なだ》めのささげ物として公に示されました。ご自分の義を明らかにされるためです。神は忍耐をもって、これまで犯されてきた罪を見逃してこられたのです。すなわち、ご自分が義であり、イエスを信じる者を義と認める方であることを示すため、今この時に、ご自分の義を明らかにされたのです。」

義人はいない。一人もいない。神のさばきから逃れられる人は、一人もいない。これが、一章一八節からパウロが延々と論じてきた人間の不義についての結論でした。

＊　　＊　　＊

「**しかし今や**」と、パウロは書き出します。これは二六節の「**今この時に**」と同じことを意味します。人間の思いを超越した神による全く新しい時（カイロス）、新しい時代の到来を告げることばです（Ⅱコリント六・二参照）。

「人はだれも、律法を行うことによっては神の前に義と認められない」（ローマ三・二〇）という絶望的な死刑判決を覆す、驚くべき「**神の義**」が現されました。それは「**律法とは関わりなく**」しかも「**律法と預言者たちの書**（＝旧約聖書）**によって証しされて**」示されたと言われます。つまり、旧約聖書にずっと指し示されていたにもかかわらず、律法によって人をはかるという読み方では決して見えなかった真理。それが〝信仰〟による神の義です。そのことが今や「**イエス・キリストを信じること**（別訳＝イエス・キリストの真実）**によって、信じるすべての人に与えられる神の義**」として現されたのです。そして、これこそが、パウロが〝福音〟と呼んだことです（一・一七）。

「**そこに差別はありません。**」なぜ差別がないのか。それは、これまで論じられてきたように、「**すべての人は**（ユダヤ人も異邦人も）**罪を犯して、神の栄光を受けることができ**」ないという点で全く同じであったように、今やすべて信じる者が「**神の恵みにより、キリスト・イエスによる贖いを通して、価なしに義と認められるからです**」。ここには〝恵み・贖い・価なしに〟というキリスト教信仰を理解するためのキーワードが並んでいます(ひょっとするとパウロは、教会の信仰告白を用いているのかもしれません)。

それは、ただ神のいつくしみによる、何の見返りも私たちから求めない一方的な救いの行為です。が、しかし、それは決して文字どおり〝価なし〟ではなかったことが、キリストの「贖い」ということばで示されています。「贖い」とは、本来、奴隷を解放するための支払い・身代金のことだからです。

驚くべきことに「**神はこの方を、信仰によって受けるべき、血による宥めのささげ物**」とされました。「宥めのささげ物」と訳された単語は、別訳(宥めの蓋)にあるとおり、本来、聖所や神殿の最奥にある至聖所に安置された契約の箱の〝蓋〟を意味することばです。それは神の臨在を象徴し、そこに年に一回、大祭司が犠牲の血を振りかけることで民の罪を贖ったのでした(レビ一六章)。そのように旧約聖書に現されてきた神の臨在と罪の贖いの象徴と約束が、イエス・キリストという生ける人格において今や現実となりました。私たちを罪の奴隷から解放するために、お金ではなく、神ご自身が御子の血をもって贖いとなさったのです(イザヤ五三章参照)。

このイエスの十字架の出来事は、神が「**ご自分の義を明らかにされるため**」だとパウロは二度、全く同じ表現で繰り返します。それでは、どのようにして神は、ご自分の義を明らかにされたのでしょうか。

第一に、「**神は忍耐をもって、これまで犯されてきた罪を見逃してこられた**」ことによってです。人間の不義に対する怒りを現しながら、なおも（そして今も！）それを見逃してこられたのは、神が不誠実でいい加減な神だからではありません。イエスの十字架に、すべての神の怒りとさばきを集中させるためです。十字架のイエスの死に、神の正義は貫かれるのです。第二に、そのようにイエスの十字架によって「**ご自分が義**」であることを示されると同時に、他方でその十字架のゆえに、たとい万死に値する罪人でさえも「**イエスを信じる者を義と認める**」という真実を明らかにされることによってです。

パウロはここに、イエス・キリストの〝福音〟の要諦を明瞭に示しました。ここから後は、ひたすらこの福音を前提とした議論が展開されるのみです。いまだ福音がないかのように語ることを二度としません。古いものは過ぎ去って、見よ、すべてが新しくなったのです（Ⅱコリント五・一七）！

＊　　＊　　＊

―「しかし今や」とは、なんとすばらしい響きでしょうか。イエス・キリストの現れの時から、世界は変わりました。歴史は変わりました。たとい私たちにその実感がなくとも、神ご自身が私たちとの関係を変えてしまわれたからです。人間の価値を律法によって（何ができるか、できないかという能力で）測ることをしない。ただ神が私たちを救う価値のあるものとみなしてくださった。その一方的な神の救いを、信じるだけでよい。自分で獲得するのではなく、神が与えてくださるものを受けるだけでよい。そのような関係に変わったのです。そして、そのように信じた者たち一人ひとりの人生にも「しかし今や」という時は訪れます。

二　そのような「恵み」による「価なし」の救いを、どのように理解したらよいのでしょうか。それは、たとえば、特別な人しか入れない高級レストランに、場違いな人が入るようなものです。お金も地位もあるような人たちだけ、キチンとしたマナーを身に着けた人たちだけの場所に、汚い身なりのお金もマナーもない者が、しかし、〝十字架のしるし〟が付いた上着を羽織って入って行く。すると、ウエイターは他の客には目もくれず、この人のために最上の席・最高の料理を出してくれる……。そうです。同じようなたとえ話を主イエスがなさっていたことを思い出してください。イエスは、まさにご自分の死によって成し遂げられる、神の国の〝福音〟を語っておられたのです。

三　神は、イエス・キリストの犠牲によって、ご自分の義を現されました。私たちもまた、イエス・キリストの犠牲のゆえに義とされます。神と私たちの間に、十字架が立てられた。これが福音です。神はもはや十字架なしに私たちを見ることはなさいません。私たちもまた十字架なしに神を見ることなどできません。ただイエス・キリストを見上げましょう。それが、福音に生きる生き方です。

10　私たちの誇り

〈ローマ三・二七―三一〉

「それでは、私たちの誇りはどこにあるのでしょうか。それは取り除かれました。どのような種類の律法によってでしょうか。行いの律法でしょうか。いいえ、信仰の律法によってです。人は律法の行いとは関わりなく、信仰によって義と認められると、私たちは考えているからです。それとも、神はユダヤ人だけの神でしょうか。異邦人の神でもあるのではないでしょうか。そうです。異邦人の神でもあります。神が唯一なら、そうです。神は、割礼のある者を信仰によって義と認め、割礼のない者も信仰によって義と認めてくださるのです。

それでは、私たちは信仰によって律法を無効にすることになるのでしょうか。決してそんなことはありません。むしろ、律法を確立することになります。」

「しかし今や」驚くべき神の義が示された、とパウロは告げました。それは、イエス・キリストを信じるすべての人に与えられる神の義です。そこには何の差別もない、と言われました。その義とはいったい何かについて語ったパウロは、今度は、なぜ一切の差別を超えるものなのかを説明します。

＊　　＊　　＊

イエス・キリストを信じることによって神の義が与えられるのであれば、「**私たち**——ユダヤ人であれ異邦人であれ——**の誇りはどこにあるのでしょうか**」。それは全くありません。だれ一人誇ることがないようにと、完全に「**取り除かれ**（＝閉め出され）**ました**」。イエス・キリストによる救いの前に、誇れる民族も人間も一人もいない。ちょうど、すべての人が罪人である点で全く違いがなかったように、だれも誇ることができないという点でも全く平等なのです。

しかし、唯一、律法と神への信仰だけが〝選民〟のしるしであり誇りであったユダヤ人にとっては、納得がいかないでしょう。パウロは、そのことを念頭に、それぞれについて、彼らの大きな誤解について正していきます。

第一に、「律法」についてです。ユダヤ人から誇りを剝ぎ取るとすれば、それは「**どのような種類の律法によってでしょうか**」と、少々皮肉めいた言い方でパウロは問いかけます。実は「律法」と訳されたことばは、別訳にあるとおり「原理」とも「法則」とも訳せることばです。つまり、〝誇りを取り除くとはどういう訳《わけ》（法則）だ？〟と〝どういう律法だ？〟という語呂合わせで、次の議論につなげているのです。

ユダヤ人にとって「律法（＝旧約聖書）」は、ただ一つの神の御心です。ところが、その同じ神の「律法」でも、読み方・理解の仕方は実は一つではない。この事実に、パウロは気づかせようとしています。神がお与えになった「律法」は「**行いの律法でしょうか。いいえ、信仰の律法によってです**」。人間の〝行い〟が律法の目的なら、誇ることもできるでしょう。しかし、〝信仰〟が律法の本質であるなら、どうして誇ることができましょうか。したがって、「**人は律法の行いとは関わりなく、信仰によって義と認められる**」のは、必然的な結論なのです。

もう一つの問題は、まさにユダヤ教の真髄である唯一神信仰についてです。ユダヤ教徒が一日に三度は繰り返し唱えている〝シェマー（聞け）〟は、申命記六章四節のことばです。「聞け、イスラエルよ。主は私たちの神。主は唯一である。」しかし、唯一の神を信ずることは、決して誇りを助長するものではありません。「**それとも、神はユダヤ人だけの神でしょうか。異邦人の神でもあるのではないでしょうか。そうです。異邦人の神でもあります。神が唯一なら、そうです**」とパウロが言うとおりです。そして、このすべての人々にとって唯一の「**神は、割礼のある者を信仰によって義と認め、割礼のない者も信仰によって義と認めてくださるのです**」。だれが、それに口を挟むことができましょうか。

パウロの理路整然とした議論には、つけ入る隙もありません。しかし、そうであるならば、神が与えた「律法」すなわち旧約聖書は無用となるのでしょうか。「**決してそんなことはありません**」！　それがパウロの答えです。先に述べたとおり、もし旧約聖書を〝行い〟の書として理解するなら、それは確かに無効でしょう。しかし、もしそれが本来〝信仰〟の書であるのなら、神がキリストによって現された信仰による義こそが「**むしろ、律法を確立すること**」、つまり旧約聖書がそもそも指し示していたゴールなのでした。

主イエスが「わたしが律法や預言者（＝旧約聖書）を廃棄するために来た、と思ってはなりません。廃棄するためではなく成就するために来たのです」（マタイ五・一七）とおっしゃったのは、まさにこのことです。

＊　　＊　　＊

一　イスラエル人であろうと異邦人であろうと、この唯一の神を信じる人々が神の民である。このことは、旧約聖書をキチンと読めば、ちゃんと書かれていることです。イスラエルによるエリコ攻略の手助けをした遊女ラハブも、ダビデの家系を生み出したモアブ人ルツも、主なる神への信仰を告白して神の民に加えられた異邦人たちです（ヨシュア二・一一、ルツ一・一六）。あの誠実で直ぐな心をもって神を恐れて生きていたヨブもまた異邦人でした（ヨブ一・一）。そのほか、アラム人のナアマン将軍も（Ⅱ列王五・一五）、ニネベの人々も（ヨナ三・九）、主なる神を信じて、その救いの業にあずかったのです。

二　ところが、人間は罪深い者です。自分たちだけが正しい、自分たちだけが特別だと思い込んでいると、そのような神の救いの大きさ・広さが見えなくなってしまう。それが人間の「誇り」がもたらす結果です。かく言うパウロ自身もまた、そのような選民意識と誇りに塗り固められた人物でした。キリスト者となった後も、誇ろうと思えばいくらでも誇れる人でした（Ⅱコリント一一・一六以下）。しかし、「誇る者は主を誇れ」というのが、パウロのモットーです（Ⅰコリント一・三一、Ⅱコリント一〇・一七）。自分に関しては「大いに喜んで自分の弱さを誇りましょう」（Ⅱコリント一二・九）とさえ言います。このような人間の変革をもたらす出来事こそが、キリストの十字架なのです。

三　唯一の神の前に、正しい者、誇ることができる者など一人もいません。しかし今や、この唯一の神のもとに、すべての人々が何の差別もなく招かれ、キリストのゆえに義とされるという、大いなる神の愛が現されました。今こそ恵みの時、救いの日です（Ⅱコリント六・二）。地上のすべての者が、ただお一人の神に立ち返る時です。互いに争ったり競ったり、くだらないプライドで他者と自分を区別したり、そんなことをしている場合ではありません。すべての人が、ただお一人の神へと心を向けて、その大きく広い愛の懐へと飛び込むべきです！

11　義と認める

〈ローマ四・一―一二〉

「それでは、肉による私たちの父祖アブラハムは何を見出した、と言えるのでしょうか。もしアブラハムが行いによって義と認められたのであれば、彼は誇ることができます。しかし、神の御前ではそうではありません。聖書は何と言っていますか。『アブラハムは神を信じた。それで、それが彼の義と認められた』とあります。働く者にとっては、報酬は恵みによるものではなく、当然支払われるべきものと見なされます。しかし、働きがない人であっても、不敬虔な者を義と認める方を信じる人には、その信仰が義と認められます。同じようにダビデも、行いと関わりなく、神が義とお認めになる人の幸いを、このように言っています。

『幸いなことよ、
不法を赦され、罪をおおわれた人たち。
幸いなことよ、
主が罪をお認めにならない人。』

それでは、この幸いは、割礼のある者にだけ与えられるのでしょうか。それとも、割礼のない者にも与えられるのでしょうか。私たちは、『アブラハムには、その信仰が義と認められた』と言っていますが、どのようにして、その信仰が義と認められたのでしょうか。割礼を受けてからですか。割礼を受けていないときですか。割礼を受けてからではなく、割礼を受けていないときです。彼は、割礼を受けていないときに信仰によって義と認められたことの証印として、割礼というしるしを受けたのです。それは、彼が、割礼を受けないままで信じるすべての人の父となり、彼らも義と認められるためであり、また、単に割礼を受けているだけではなく、私たちの父アブラハムが割礼を受けていなかったときの信仰の足跡にしたがって歩む者たちにとって、割礼の父となるためでした。」

割礼のある者もない者も信仰によって義と認められる。これこそが律法（旧約聖書）を確立する真理なのだ、とパウロは言いました。この結論は、しかし、単にパウロの議論からのみ導かれる結論ではありません。そもそもユダヤ人が自分たちの父祖と仰ぐアブラハムその人に見出されることだ、とパウロは続けます。

＊　　＊　　＊

「それでは、肉による（民族としての）**私たちの父祖アブラハムは何を見出した、と言えるのでしょうか。」** 確かに**「もしアブラハムが行いによって義と認められたのであれば、彼は誇ることができます」**。実際、ユダヤ教では父祖アブラハムをそのように理解して崇めていたのでした（「彼〔アブラハム〕はいと高き方の律法を守り、神は彼と契約を交わされた」外典・シラ書四四・二〇。マカバイ記一、二・五二も参照）。

しかし、たとい人々がそのように評価していたとしても**「神の御前ではそうではありません」**と、神の権威へと心を向けさせます。そうして、パウロはユダヤ人にとってのイメージではなく、**「聖書」**そのものが何と言っているかに注目させます。創世記一五章六節によれば、**「アブラハム**（この時点では、いまだアブラムですが）**は神を信じた。それで、それが彼の義と認められた」**と記されているからです。

ここで「認められる」と訳されたギリシア語は、パウロが好んで用いることばの一つで、特に四章の議論全体を理解するのに重要です。パウロはまず〝数える・勘定する〟という最も一般的な用法から始めます。**「働く者にとっては、報酬は恵みによるものではなく、当然支払われるべきものと見なされます**（＝勘定されます）**。」** 労働への報酬は、それに見合った対価として計算されるからです。ところが、創世記一五章のアブラハムは、夜空の星を見上げただけです。何の「働きがない人であっても、不敬虔な者を義と認める方を信じる人には、その信仰が義と認められ（＝勘定され）」たのです。アブラハムを「不敬虔な者」とは、言い過ぎのように思われるかもしれません。しかし、ちょうどパウロが真の神を知らない異邦人を「不敬虔」（一・一八）と呼んだように、アブラハムも元をたどれば不敬虔な「さすらいのアラム人」（申命二六・五）にすぎませんでした。つまり、一介の異邦人であったアブラハムが、ただその信仰のゆえに義と認められたと、聖書は語っているのです。

パウロはさらに、これをサポートするもう一つの例を挙げます。ダビデです。**「同じようにダビデも、行い（＝働き）と関わりなく、神が義とお認めになる（＝勘定する）人の幸いを、このように言っています。『幸いなことよ、不法を赦され、罪をおおわれた人たち。幸いなことよ、主が罪をお認めにならない（＝勘定しない）人。』」**詩篇三二篇一－二節です。この詩篇は、おそらくダビデがバテ・シェバとの姦淫の罪を犯した後の悔い改めを表す歌の一つでしょう（詩篇五一篇参照）。ここでは、神が義と認めることが、罪を認めない、すなわち赦されることと言い換えられています。

このようにパウロの議論は、またしても理路整然と聖書に基づいて論じられており、反論の余地がないように見えます。しかし、ユダヤ人にしてみれば、アブラハムもダビデも結局は神の民だからこそ「義と認められた」のだと理解したことでしょう。そこで、パウロは、そのようなユダヤ人の誇りを根本から打ち砕く決定的な議論を展開します。

「それでは、この幸いは、割礼のある者にだけ与えられるのでしょうか。それとも、割

礼のない者にも与えられるのでしょうか。」再び聖書を調べてみましょう。**「アブラハムには、その信仰が義と認められた」**と記されているのは、創世記一五章。それに対して、神との契約に入れられ**「割礼というしるしを受けた」**のは、創世記一七章、二十数年後のことです。もし割礼を受けた者こそ神の民であると主張するなら、一七章以前のアブラハムはそうではないことになります。が、もし一七章以前も我らの先祖だと言うのなら、神の民の本質は割礼ではないのです！

パウロは、決してユダヤ人の割礼そのものを否定しません。神がお命じになったことだからです。しかしそれは、本来、**「割礼を受けていないときに信仰によって義と認められたことの証印」**にほかならない。それゆえ、アブラハムは**「割礼を受けないままで信じるすべての人の父となり、彼らも義と認められる」**ことの証人であり、同時にまた**「単に割礼を受けているだけではなく、……アブラハムが割礼を受けていなかったときの信仰の足跡にしたがって歩む者たちにとって、割礼の父」**にもなった。異邦人にとっても、ユダヤ人にとっても、まさに**「私たちの（信仰の）父」**なのです。

＊　＊　＊

一　創世記一五章に描かれたアブラ（ハ）ムの信仰は、十分黙想するに値する物語です。
「あなたの子孫を地のちりのように増やす」と神から約束されたアブラムとサライ老夫

婦には一向に子どもが与えられる気配がありません。戸惑うアブラムを夜の闇へと連れ出した主は、「さあ、天を見上げなさい。星を数えられるなら数えなさい」、「あなたの子孫は、このようになる」と断言されるのです。すると、アブラムは一切の疑念が消え去り、「主を信じた」。〝地のちり〟という手で触れられる身近な現実からの類推ではなく、〝天の星〟という想像を絶する宇宙の神秘に目を注がせた点が大切です。人間には分からない、理解不能なことがあるという事実。創造者なる神の世界の神秘の前には、人間は全く無力な無きに等しい存在であることを教えます。

二　「アブラムは主を信じた」という表現もまた、意味深い言い方です。原文を直訳すれば、「彼は主の中で確かに（アーマン）した」と訳すことができます。「確かにする」は「アーメン」と同じ語源のことばです。遥かな星々を創造された、この大いなる主という神の中にこそ確かなものを見出した、自らの「信」を置いた、ということです。解決の道が示されたわけではありません。すべてに納得したわけでもありません。それにもかかわらず、アブラムはこの方を信じた。この方に、自らをゆだねた。そして、そのアブラムのあり方――人格的関係における真実と誠実さ――を、神は「義」と認めたと言われるのです。

三　「義と認める」ということばは、ですから、様々な概念を含みもつことばです。すでに見てきた三章二〇節などでは裁判における〝無罪〟を意味していましたが、四章ではギリシア語の元の意味から〝数える・勘定する〟という意味で説明されました（この理解は後に〝転嫁〟というキリスト教教理に発展します）。そうかと思うと、パウロは、それを罪の赦しとも結びつけます。単なる〝無罪〟なのではなく、神の赦しによって無かったことにされるのです。いずれの場合でも根底にあるのは、人間の想像を絶する一方的な神の行為です。それはまさに、すべてを包み込み、すべてを良しとされる、広大無辺な宇宙の創造者による行為なのです。

12　世界の相続人

〈ローマ四・一三―二五〉

「というのは、世界の相続人となるという約束が、アブラハムに、あるいは彼の子孫に与えられたのは、律法によってではなく、信仰による義によってであったからです。もし律法による者たちが相続人であるなら、信仰は空しくなり、約束は無効になってしまいます。実際、律法は御怒りを招くものです。律法のないところには違反もありません。

そのようなわけで、すべては信仰によるのです。それは、事が恵みによるようになるためです。こうして、約束がすべての子孫に、すなわち、律法を持つ人々だけでなく、アブラハムの信仰に倣う人々にも保証されるのです。アブラハムは、私たちすべての者の父です。『わたしはあなたを多くの国民の父とした』と書いてあるとおりです。

彼は、死者を生かし、無いものを有るものとして召される神を信じ、その御前で父となったのです。彼は望み得ない時に望みを抱いて信じ、『あなたの子孫は、このようになる』と言われていたとおり、多くの国民の父となりました。彼は、およそ百歳になり、自分のからだがすでに死んだも同然であること、またサラの胎が死んでいることを認めても、その信仰は弱まりませんでした。不信仰になって神の約束を疑うようなことはなく、かえって信仰が強められて、神に栄光を帰し、神には約束したことを実行する力がある、と確信していました。だからこそ、『彼には、それが義と認められた』のです。

しかし、『彼には、それが義と認められた』と書かれたのは、ただ彼のためだけでなく、私たちのためでもあります。すなわち、私たちの主イエスを死者の中からよみがえらせた方を信じる私たちも、義と認められるのです。主イエスは、私たちの背きの罪のゆえに死に渡され、私たちが義と認められるために、よみがえられました。」

アブラハムが、ユダヤ人のみならず異邦人にとっても〝信仰の父〟であることを、パウロは聖書そのものに即して論証しました。しかし、パウロがアブラハム物語を引き合いに出したのは、単なる例証以上の意味があったことが、ここに明らかにされます。こうして一章一八節から延々と論じられてきた議論（ローマ人への手紙の第一部）は、ようやく一つの結論に達します。

アブラハム物語の中心には、神の約束がありました。それは彼と彼の子孫が「**世界の相続人となるという約束**」です（創世一七・四―六、二二・一七―一八ほか）。そもそも「アブラハム（多くの人の父）」という名前に改名されたのも、その約束のためでした。さらに言えば、この約束の実現こそが、実に旧約聖書全体を貫く大いなる幻の一つであったと言えましょう（詩篇七二・八―一一、イザヤ一一・一〇、四二・一等。パウロは、この主題について八章で再び論じます）。

＊　　＊　　＊

しかし、まさにこの相続人もまた（前回学んだとおり）「**律法によってではなく、信仰による義に**」よるものでした。約束とは、本来、語る者の意志とそれを信じる者との間に成り立つものだからです。それを「**もし律法による者たちが相続人**」、すなわち、行いへの報酬にしてしまうならば、もはや信仰も約束も意味を失い、「**信仰は空しくなり、約束は無効になってしまいます**」。それだけではありません。その場合には、相続人そのものがいなくなってしまうでしょう。なぜなら、すでに三章二〇節でも確認したように、神の律法にかなった相続人など一人もいないからです。「**律法のないところには違反も**」なく、したがって「**律法は**（従い得ない者に対して）**御怒りを招くもの**」にほかならないからです。

こうして、パウロはこれまでの議論を次のようにまとめます。直訳してみると、彼の思いがクリアになります。「そのようなわけで、信仰による。それは恵みによって約束がすべての子孫に保証されるため。律法の者のみならず、アブラハムの信仰の者にも。彼は、私たちすべての者の父。『わたしはあなたを多くの国民の父とした』と書いてあるとおり。」そして、パウロは、このアブラハムの信仰の本質を「死者を生かし、無いものを有るものとして召される神」を信じる信仰（ヘブル一一・一九参照）、あるいは「（人間的に）望み得ない時に（なお神に）望みを抱いて」信じる信仰と言い表します。

これは直接的には創世記一七章以下に語られるイサク誕生物語を指しています。すなわち、アブラハムは「およそ百歳になり、自分のからだがすでに死んだも同然であること、またサラの胎が死んでいることを認めても、その信仰は弱まりませんでした。不信仰になって神の約束を疑うようなことはなく、かえって信仰が強められて、神に栄光を帰し、神には約束したことを実行する力がある、と確信していました」。

満天の星の創造者である神の神秘に圧倒されたアブラハムは、今度は生命誕生の神秘に直面させられました。しかも、新たな命を授かる望みもない老夫婦の身体から子孫が誕生するという、神の奇跡です。ここにおいて、アブラハムたちは全く無力、全く受け身でした。彼らは「主にとって不可能なことがあるだろうか」（創世一八・一四）という約束のことばを握り締めて、ただ信じるほかありませんでした。彼が義と認められたのは実にこのような信仰だったのだ、とパウロは言うのです。

しかし、このように聖書に記されているのは、**「ただ彼（アブラハム）のためだけでなく、私たちのためでもあります」**と、実に一章一六節以来、再び〝私・私たち〟に焦点をあててパウロは語り始めます。なぜでしょうか。それは、ちょうど死んだも同然のからだを生かす方を信じてアブラハムが義と認められたように、**「私たちの主イエスを死者の中からよみがえらせた方を信じる私たちも、義と認められる」**からです。

しかも、このイエスの死と復活は、単なる奇跡なのではありません。**「私たちの背きの罪のゆえに死に渡され**（イザヤ五三・一二のギリシア語と同じ）、**私たちが義と認められるために、よみがえられ」**た出来事です。それは、ちょうどイザヤ書五三章の〝苦難のしもべ〟が、多くの人の罪を負うために命を死に明け渡して彼らを獲得し（一二節）、まるでアブラハムへの約束のように、多くの子どもたちをもたらす（五四・一）と言われていたとおりです。

あのアブラハムの身の上に起こった出来事は、まさに主イエスの十字架と復活を指し示す出来事なのでした。そして、あのアブラハムが信じて義と認めていただいた神こそが、今やイエス・キリストを信じる私たちをも義としてくださる神にほかならない。あらゆる不敬虔や不義（ローマ一・一八）から真の神を信じるに至ったアブラハムと同様に――ユダヤ人であれ異邦人であれ――「信仰によって義と認められた」私たちこそ、神の世界を相続する彼の子孫なのだということ。それが、パウロが達し得た結論です。

＊　＊　＊

一　「世界の相続人となる」ということばは、帝国の中心地ローマにいる読者たちには、実に刺激的に聞こえたことでしょう。皇帝の世襲を禁じていた当時、このことばを語るとすれば、ユダヤ人と世界制覇の野望を抱く人々だけだったからです。しかし、アブラハムにしても生涯をかけて得たのは、妻を葬るための墓地だけでした（創世二三章）。「彼らが憧れていたのは、もっと良い故郷、すなわち天の故郷でした」（ヘブル一一・一六）と言われるとおりです。「世界の相続人」とは、ですから、力で奪い取る人々のことではなく、世界の真の支配者である神を信仰によって自分のものとした人々、そして神のものとなった人々のことです。それは、別に言えば、主イエスが山上の説教で語られた〝地を受け継ぐ〟柔和な神の子どもたちのことです（マタイ五・五）。

二　無限の宇宙の神秘もさることながら、命の誕生はいつでも神秘であり、人間という〝小宇宙（ミクロ・コスモス）〟に起こる奇跡です。それはまさに信じるほかない出来事と言えましょう。「主にとって不可能なことがあるだろうか」（創世一八・一四）とのことばは、イエスご自身の誕生物語でも繰り返されました（ルカ一・三七）。さらに、人に命をお与えになる神は、死んだも同然の罪人の心さえも生き返らせて御国に入れることがおできになる方です（マタイ一九・二六）。創造者のことばを侮ってはなりません。「神には約束したことを実行する力がある」という信仰こそが求められます（ルカ一・三八参照）。

三　イエス・キリストの福音もまた、神の約束のことばです。しかし、それはことばだけではない、十字架と復活という歴史の事実に基づいた約束です。しかも、二千年にわたるキリスト教の歴史自体が、この神の約束が真実であることを証ししています。私たちは、まさに〝雲のように多くの証人たち〟に取り囲まれているのです（ヘブル一二・一）。福音を生きるとは、このような神の歴史に巻き込まれて生きることです。それは、わざわいではなく、ただ信じる者に幸いをもたらす驚くべき神の救いの歴史です。私たち信仰者は、キリストの出来事が今に（そして未来に！）及ぼす力の中を生きていく。なぜなら、この方は「今おられ、昔おられ、やがて来られる方」（黙示録一・八）だからです。

13　神との平和

〈ローマ五・一―一一〉

「こうして、私たちは信仰によって義と認められたので、私たちの主イエス・キリストによって、神との平和を持っています。このキリストによって私たちは、信仰によって、今立っているこの恵みに導き入れられました。そして、神の栄光にあずかる望みを喜んでいます。それだけではなく、苦難さえも喜んでいます。それは、苦難が忍耐を生み出し、忍耐が練られた品性を生み出し、練られた品性が希望を生み出すと、私たちは知っているからです。この希望は失望に終わることがありません。なぜなら、私たちに与えられた聖霊によって、神の愛が私たちの心に注がれているからです。

実にキリストは、私たちがまだ弱かったころ、定められた時に、不敬虔な者たちのために死んでくださいました。正しい人のためであっても、死ぬ人はほとんどいません。善良な人のためなら、進んで死ぬ人がいるかもしれません。しかし、私たちがまだ罪人であったとき、キリストが私たちのために死なれたことによって、神は私たちに対するご自分の愛を明らかにしておられます。ですから、今、キリストの血によって義と認められた私たちが、この方によって神の怒りから救われるのは、なおいっそう確かなことです。敵であった私たちが、御子の死によって神と和解させていただいたのなら、和解させていただいた私たちが、御子のいのちによって救われるのは、なおいっそう確かなことです。それだけではなく、私たちの主イエス・キリストによって、私たちは神を喜んでいます。キリストによって、今や、私たちは和解させていただいたのです。」

五章から八章は、この手紙の中心部です。ここには、まさにパウロが伝えようとするイエス・キリストの福音の本質が存分に語られていると言ってよいでしょう。パウロは、福音がもつ計り知れない豊かさを、様々な角度から論じていきます。もちろん、それですべてを言い尽くしているわけではありません。それにもかかわらず、その最も重要かつ本質的な事柄が、これから展開されていきます。

＊　＊　＊

福音について、あらゆる不敬虔と不義に対する「神の怒り」（一・一八）から議論を始めたパウロは、今やその本質を積極的に論じるにあたって、まず「**私たちは……神との平和を持っています**」と高らかに宣言します。〝ローマの平和／アウグストゥスの平和〟が声高に叫ばれていた帝国の中心地にいる信徒たちは、これこそが私たちの福音だと襟《えり》を正される思いだったことでしょう。

この「平和」は、「**信仰によって義と認められた**」者たちが、「**私たちの主イエス・キリストによって……持っている**」という現在の事実を指しています。言い換えれば「**今立っているこの恵み**」のことです。ちょうどキリストの十字架によって罪赦されて神に至る道が開かれたように（ヘブル一〇・一九）、私たちが「**導き入れられた**（＝アクセスを得た）」恵みの状態を指すだけでなく、恵みによって「今立っている」信仰者の実存的なあり方でもあります。しかもそれは、同時に、「**神の栄光にあずかる望み**」を喜ぶ（別訳＝誇る）心へと私たちを促すものなのです。

神を神としてあがめず、朽ちない神の栄光を朽ちるものに変えてしまう（一・二一、二三）、神の栄光にあずかることなど到底不可能な（三・二三）、神を誇るどころか自分を誇る（二・一七、二三）私たち。その私たちが、今や真に神の栄光を求め、その栄光にあずかる希望を喜び、誇りとする者へと変えられました。しかも、この誇りが決して自己満足的な誇りでないことは、「**苦難さえも**」喜ぶ／誇りとすることから分かります。この場合の「苦難」とは、とりわけ世の終わりを生きるキリスト者が味わう苦しみや迫害のことです。しかし、なぜ苦難をも誇りにできるのでしょうか。

それは、この「**苦難が忍耐を生み出し、忍耐が練られた品性を生み出し、練られた品性**

が希望を生み出すと、私たちは知っているから」だと、パウロはキリスト者に共通の経験に訴えます。実際、パウロ自身もローマ教会の少なからぬ信徒たちも迫害を切り抜けてきた経験者だったからでしょう。しかし「**この希望は失望に終わる**（＝恥を見る）**ことがありません**」という確信は、「**私たちに与えられた聖霊によって、神の愛が私たちの心に注がれている**」という霊的事実に基づいています。

　では、キリスト者の希望を失望には終わらせない「神の愛」とは、いったいどのような愛なのでしょうか。そもそも、なぜ怒りの対象であったはずの罪深い私たちを、神が愛していると言えるのでしょうか。パウロは三つの点から論じます。

　第一に、神の愛は、キリストの死に基づいた愛だからです。十字架上でのキリストの死は、単なる偶然の死ではありませんでした。神のご計画どおり「**定められた時に**」、ある目的のために自覚的に死なれた死です。それは「**私たちがまだ弱かったころ**」、つまりは「**不敬虔**」で「**罪人であったとき**」に、「**私たちのために**（＝身代わりとして）」成し遂げられた罪の〝贖い〟また〝宥《なだ》めのささげ物〟（三・二四―二五）にほかなりません。「**正しい人のためであっても、死ぬ人はほとんどいません。善良な人のためなら、進んで死ぬ人がいるかもしれません。**」しかし、キリストの死は、そのような人間の常識をはるかに超える一方的かつ無条件の、驚くべき神の愛の証しでした（Ⅰヨハネ四・一〇参照）。

　第二に、この愛は、信じる者にとっていっそう確かな愛だからです。旧約聖書に規定された動物犠牲によってさえ罪に対する神の怒りが宥められたとすれば、「**今、キリストの血によって義と認められた私たちが、この方によって神の怒りから救われるのは、なおいっそう確かなことです**」。こうして、神の和解の出来事は、十字架上で成し遂げられました（ヨハネ一九・三〇）。それにもかかわらず、私たちはなおこの事実に背を向けて生きていました。もし神の「**敵であった私たち**」でさえも、いまだ罪人の時に「**御子の死によって神と和解させていただいたのなら**」、今や神の愛と御子キリストを信じる者とされた私たちが、よみがえられた「**御子のいのちによって**（＝の中で）**救われるのは、なおいっそう確かなことです**」。

第三に、この愛は、神を喜ぶ／誇りとする者へと私たちを内側から変える力だからです。「神を愛せよ」という号令だけでは、偏狭な律法主義に陥るだけでしょう。また、一方的に神への負債が帳消しにされたというだけなら、何の感謝も生まれないかもしれません。しかし、愛する御子を犠牲にしてまで私たちを愛そうとされた（ヨハネ三・一六）神の命がけの愛を聖霊によって心に注がれた者は、この愛に応えずにはおれない。「**私たちの主イエス・キリストによって、私たちは神を喜んでいます**」と苦難の中でも告白せずにはおれません。「**キリストによって、今や、私たちは和解させていただいたのです。**」どうして、この神への希望が失望に終わることなどありえましょうか！

＊　　＊　　＊

一　神と人間との関係を物語る聖書には、その関係を表す様々な表象が用いられます。人間の罪が問題とされるときに、審判者としての神が描かれるのは自然なことです。パウロが「義と認める」という法廷用語を用いてきたのは、そのためです。しかし、神と信仰者との積極的な関係を語る五章以下では、「神との平和」や「神の愛」など、実に様々な表象が用いられていきます。『ローマ人への手紙』と言えば〝信仰義認〟のように（特にプロテスタント教会では）とらえがちですが、まるで万華鏡のように彩り豊かな福音の多面性を表現しようとする、パウロの一つ一つのことばに込められた意味の違いや広がりを読み味わうことが大切です。

二　神との「平和」という概念は、とりわけ重要です。ヘブル語で〝シャローム〟と言われる「平和」は、信仰・救い・栄光・恵み・真実・義などと深いつながりのあることばで、個人の内面における平安を表すだけでなく、被造世界全体を包み込む完全な状態を意味します（詩篇八五・八以下参照）。この「平和」は、旧約聖書において、神の〝霊〟と〝義〟（イザヤ三二・一五―一七）、〝愛〟によってもたらされ（同五四・八―一〇）、ダビデの子である一人の牧者・王のもとで（エゼキエル三四・二三―二五）、神がその民と共に住まう（同三七・二四―二八）状態を表すことばとして用いられました。五章から八章に至る壮大な神の救いを語り始める冒頭で、パウロが「平和（シャローム）」に言及したのは、そのような諸々の幻の実現を一言で言い表すためであったと思われます。

三　主イエス・キリストの死と復活による恵み・驚くべき神の愛・聖霊の内住（Ⅱコリント一三・一三）に生きる者が、新しい神の民の姿です。それは、信仰と希望と愛（Ⅰコリント一三・一三）に基づく、過去・現在・未来を貫く歩みであり、終末の栄光を先取りした歩みとも言えましょう。審判者なる神との平和を、すでに得ているからです。とはいえ、この民の歩みは地上で苦難を免れません。当時のローマ世界でも今日の世界でも、神に逆らう力が働いているからです。それにもかかわらず、彼らにとって苦難は最終的な力をもちません。神の愛が注がれているからです。この圧倒的な神の愛の前に、苦難は力を失うのです。実に、信仰者の生涯とは、この大いなる神の愛を生涯を通して経験し、試みを通して練り清められ、深めていく歩みと言うことができるでしょう。

14　アダムとキリスト

〈ローマ五・一二―二一〉

「こういうわけで、ちょうど一人の人によって罪が世界に入り、罪によって死が入り、こうして、すべての人が罪を犯したので、死がすべての人に広がったのと同様に――

実に、律法が与えられる以前にも、罪は世にあったのですが、律法がなければ罪は罪として認められないのです。

けれども死は、アダムからモーセまでの間も、アダムの違反と同じようには罪を犯さなかった人々さえも、支配しました。アダムは来たるべき方のひな型です。

しかし、恵みの賜物は違反の場合と違います。もし一人の違反によって多くの人が死んだのなら、神の恵みと、一人の人イエス・キリストの恵みによる賜物は、なおいっそう、多くの人に満ちあふれるのです。

また賜物は、一人の人が罪を犯した結果とは違います。

さばきの場合は、一つの違反から不義に定められましたが、恵みの場合は、多くの違反が義と認められるからです。

もし一人の違反により、一人によって死が支配するようになったのなら、なおさらのこと、恵みと義の賜物をあふれるばかり受けている人たちは、一人の人イエス・キリストにより、いのちにあって支配するようになるのです。

こういうわけで、ちょうど一人の違反によってすべての人が不義に定められたのと同様に、一人の義の行為によってすべての人が義と認められ、いのちを与えられます。すなわち、ちょうど一人の人の不従順によって多くの人が罪人とされたのと同様に、一人の従順によって多くの人が義人とされるのです。

律法が入って来たのは、違反が増し加わるためでした。しかし、罪の増し加わるところに、恵みも満ちあふれました。

それは、罪が死によって支配したように、恵みもまた義によって支配して、私たちの主イエス・キリストにより永遠のいのちに導くためなのです。」

同じような文言が繰り返されながら少しずつ中身を深めているために、一読しただけでは全体の論旨が分かりにくくなっています。この段落の構造を少しでも理解しやすいように、右の聖書本文に字下げ等を施してみました。

ここで取り上げられている**「アダム」**について、一言述べておきましょう。言うまでもなくアダムは、最初に創造された人間として創世記二章に登場する人物ですが、ヘブル語のアダムは同時に「人」という一般名詞でもあるために、「人」と訳すべきか、「アダム」という固有名詞で訳すか、翻訳者泣かせのことばです。旧約聖書全体で、アダムという固有名詞が出てくるのは、創造物語と系図を除くと二か所（ヨブ三一・三三、ホセア六・七）しかありません。ところが、人という意味では、五〇〇回以上用いられています。つまり、パウロがアダムを引き合いに出すのは、単なる固有名詞としてのアダムだけではなく、およそ人間の代表としてのアダムが念頭にあるということです。

さらに、アダムによって人類に罪と死が入り込んできたという考えは、パウロの時代のユダヤ教に広く行きわたっていました（外典・知恵の書二・二三―二四、外典・エズラ記＝ラテン語三・七、二一など）。パウロは、そのような最初の人間の光栄と過ちについての理解を背景に、すでにコリント人への手紙第一で「アダムにあってすべての人が死んでいるように、キリストにあってすべての人が生かされる」（一五・二二）と論じました。ローマ人への手紙では、この対比を用いて、キリストのいのちの恵みをさらに豊かに展開しようとしているわけです。

＊　　　＊　　　＊

イエス・キリストの死といのちによって神との和解が成し遂げられたことを語ったパウロは、そもそも神との平和を破った張本人であるアダムと比較しながら、キリストの恵みを論じようとします。

「**こういうわけで、ちょうど一人の人によって罪が世界に入り、罪によって死が入り、こうして、すべての人が罪を犯したので、死がすべての人に広がったのと同様に――**」と語り出したパウロは、本当は一八節のように続けようと考えていたはずですが、少し説明が必要だと感じて脱線してしまいます（口述しているために、パウロの書簡ではよく起こることです）。

まず、これまでも何度かパウロが語ってきたことですが（三・二〇、四・一五）、「**律法がなければ罪は罪として認められない**」ということです。それではなぜ「**律法が与えられる以前にも、罪は世にあった**」と言えるのかといえば、罪の結果である死が「**アダムからモーセまでの間も、アダムの違反と同じようには罪を犯さなかった人々さえも、支配し**」ていたからです。病の有無が、症状から判明するのと同じです。このように死に至る病の元凶となったアダムは、しかし、実は「**来たるべき方**（＝キリスト）のひな型」だったのだと言われます。

ここでまた説明が必要になります。アダムが「ひな型」ならば、これから語ろうとするキリストは、もっとひどい結果をもたらしたということでしょうか。もちろん、違います。

全く逆です。パウロは、二つの点で決定的に違うと説明します。

第一に、結果が及ぶ影響力の違いです。「もし一人の違反によって多くの人が死んだのなら」、計り知れない「神の恵みと、一人の人イエス・キリストの恵みによる賜物は、なおいっそう、多くの人に」及ぶだけではない「満ちあふれる」ほどの結果をもたらします。

第二に、結果そのものの違いです。「(正義と公正に基づく)さばきの場合は、一つの違反から不義に定められましたが(神の無償の愛に基づく)恵みの場合は、多くの違反が義と認められる」のです。それだけではありません。「もし一人の違反により、(まるで水源が毒されて)死が支配するようになったのなら、なおさらのこと、恵みと義の賜物をあふれるばかり受けている人たちは、一人の人イエス・キリストにより、(その内側に流れ込んだ新しい)いのちにあって支配するようになるのです。」

誤解のないように説明を加えたパウロは、ようやく最初に言いかけたことを語り直します。「こういうわけで、ちょうど一人の違反によってすべての人が不義に定められたのと同様に、一人の義の行為によってすべての人が義と認められ、いのちを与えられます。すなわち、ちょうど一人の人の不従順によって多くの人が罪人とされたのと同様に、一人の従順によって多くの人が義人とされるのです。」

そのうえでパウロは、先に触れた律法の意義についても、大胆に次のように説明します。「律法が入って来たのは、違反が増し加わるためでした。しかし、罪の増し加わるところに、恵みも満ちあふれました」と。深い闇の中でこそ光の強さはいっそう際立つ、ということです。そうして、「罪が死によって（人類を）支配したように、恵みもまた義によって（信じる者を）支配して、私たちの主イエス・キリストにより永遠のいのちに導く」。これこそが神のご計画であったのだ、とパウロは言うのです。

＊　＊　＊

一　少々混み入った議論のために、正確に読み取ることが難しい箇所かもしれません。しかし、大切なことは（ある注解者が言っているように）大きなキャンバスに画家が一気に描いた絵を見るように、全体をとらえることです。そのダイナミックで迫力ある絵の全体をまずは心に留め、そのうえで細部を理解していくといいでしょう。パウロが描いた絵とは、最初のアダムと最後のキリストとの鮮やかな対比です。不義と義、不従順と従順、罪と恵み、死といのちというテーマが、そこには描き込まれています。しかし、それは決して左右対称の絵ではありません。キリストの恵みといのちが、キャンバスからあふれ出るほどに、見る者を圧倒するのです！

二　これらのみことばから、後にいくつかの大切なキリスト教教理が生まれました。まず、人類の代表としてのアダムが罪を犯したために全人類が堕落した（一二節）という教えです。これは、理不尽に思われるかもしれませんが、二つのことを考慮しなければなりません。一つは、代表者が犯した罪のゆえに、彼に属する全体がその責任を負わねばならない（一八節）という連帯責任。もう一つは、すべての人が罪に支配された性質（これを〝原罪〟と呼びます）をもっていることは、私たちが実際に罪を犯していることから分かる（一四節）ということです。たといアダムの堕落を無視し、その連帯責任を否定したとしても、自分が実際に罪を犯しているという事実（一・一八―三・二〇）を否定することはできません。それとは逆に、キリストと信仰によって連帯した者がキリストの義にあずかる（一八節）。これがキリストの義の〝転嫁〟という教えです。

三　もう一つの大切な教理は、キリストの〝積極的服従〟と呼ばれる教えです。キリストのご生涯は、私たちのための身代わりとしてのご生涯でした。それは、人間の罪を担うための苦しみの生涯（これを〝消極的服従〟といいます）であったと同時に、本来人間がなすべき神の御心への完全な服従を成し遂げるという積極的な意味がありました（一八―一九節。ピリピ二・六―八も参照）。それは、傷のない完全ないけにえとしてご自身を献げることによって（ヘブル九・一二、一四）、この方を信じる者が完全に義とされ、そうしてキリストのいのちの力によってこの方と同じ歩みへと押し出されるためです。

四　ここでパウロは〝支配〟について語っています。このことばは、主イエスが「神の国」と言われたときの〝国〟の動詞形です。私たちが日々直面するこの世の現実は、まさに罪に支配されているとしか言いようのない、死臭漂う世界の姿かもしれません。しかし神は、この世界を滅ぼす代わりに、イエス・キリストによる新しいいのちの支配をもたらされました。それが福音です。この〝いのちの支配〟は、具体的にどのような生活を生み出していくのでしょうか。それが、次のテーマです。

15　キリストとともに

〈ローマ六・一―一一〉

「それでは、どのように言うべきでしょうか。恵みが増し加わるために、私たちは罪にとどまるべきでしょうか。決してそんなことはありません。罪に対して死んだ私たちが、どうしてなおも罪のうちに生きていられるでしょうか。それとも、あなたがたは知らないのですか。キリスト・イエスにつくバプテスマを受けた私たちはみな、その死にあずかるバプテスマを受けたのではありませんか。私たちは、キリストの死にあずかるバプテスマによって、キリストとともに葬られたのです。それは、ちょうどキリストが御父の栄光によって死者の中からよみがえられたように、私たちも、新しいいのちに歩むためです。

私たちがキリストの死と同じようになって、キリストと一つになっているなら、キリストの復活とも同じようになるからです。私たちは知っています。私たちの古い人がキリストとともに十字架につけられたのは、罪のからだが滅ぼされて、私たちがもはや罪の奴隷でなくなるためです。死んだ者は、罪から解放されているのです。私たちがキリストとともに死んだのなら、キリストとともに生きることにもなる、と私たちは信じています。私たちは知っています。キリストは死者の中からよみがえって、もはや死ぬことはありません。死はもはやキリストを支配しないのです。なぜなら、キリストが死なれたのは、ただ一度罪に対して死なれたのであり、キリストが生きておられるのは、神に対して生きておられるのだからです。

同じように、あなたがたもキリスト・イエスにあって、自分は罪に対して死んだ者であり、神に対して生きている者だと、認めなさい。」

アダムを通してもたらされた罪と死の支配と、それをはるかに凌駕するイエス・キリストによる恵みといのちの支配。これらを比較しつつ論じたパウロは「罪の増し加わるところに、恵みも満ちあふれました」とさえ言いました（五・二〇）。しかし、そうであれば「**恵みが増し加わるために、私たちは罪にとどまるべきでしょうか**」と、まるで私たちの屁理屈を見透かすようにパウロは問いかけます。実際、パウロの教えに対する、この手の誤解や中傷がかなり広まっていたようです（三・八）。この問いかけへの答えはもちろん「**決してそんなことはありません**」です。では、キリストを信じた者は、どのような者とされたのでしょうか。パウロは、大きく二つのことを論じます。

第一に、キリスト者は、何よりも一度は死んだ者であるということです。罪が〝死〟によって支配している（五・二一）ところで〝生きる〟ことはできません。**「罪に対して死んだ私たちが、どうしてなおも罪のうちに生きていられるでしょうか。」**大切なのは、「死んだ」と過去形で言われている点です。私たちはいったいいつ「死んだ」のでしょうか。ここで引き合いに出されるのが**「バプテスマ」**です。

＊　　＊　　＊

「バプテスマ」とは〝洗礼〟として一般に知られている儀式のことです。このことばが〝浸す〟という意味をもっていることから、多くの場合、水の中に沈めるような形式を取っていたと思われます。パウロは、そのようなバプテスマを受けたはずのローマ教会の信徒たちに、そこに表された意味を「知る」ようにと促します。バプテスマが「**イエスにつく**（＝の中へ）」身を投じて水に沈められる儀式だとすれば、それはとりもなおさずイエスの「**死にあずかる**（＝の中へ）**バプテスマを受けた**」のと同然である。そうして、いわば「**私たちは、キリストの死にあずかる**（＝の中への）**バプテスマによって、キリストとともに葬られた**」のだ、と。しかし、死んでおしまいではありません。「**それは、ちょうどキリストが御父の栄光によって死者の中からよみがえられたように、私たちも、新しいいのち**（＝いのちの新しさ）**に歩むためです。**」

したがって、第二に、キリスト者は、この新しいいのちに生きる者です。私たちがバプテスマを通して「**キリストの死と同じようになって、キリストと一つになっているなら**（＝キリストの死のさまにつぎ合わされているなら）、**キリストの復活とも同じようになるからです**」。そして、この死と復活の関係は、決して後戻りしない不可逆の関係であることが重要です。罪と死に支配された私たち人間のあり方を「古い人（単数形）」と呼ぶならば、まさにその「古い人」は同じく人類を代表するキリストが殺されたとき、「**ともに十字架につけられた**」と言えましょう。そうして罪の力に支配されていた「**罪のからだが滅ぼされて、私たちがもはや罪の奴隷でなくなるためです。死んだ者は、罪から解放されて**（＝義とされて）**いるのです**」。病に犯されたからだが死ぬとき、病そのものの力もまた死滅するのと同じです。

ですが、ここでも大切なのは、その後です。「**私たちがキリストとともに死んだのなら、キリストとともに生きる**（＝共生する）**ことにもなる。**」これが私たちの信仰です。そして、このキリストとの共生は、決して後戻りしません。キリストの復活は、単なる生き返りではないので、「**もはや死ぬことはありません。死はもはやキリストを支配しない**」、死への完全な勝利の出来事なのです。「**キリストが死なれたのは、ただ一度**（人間の代表として）**罪に対して死なれたのであり、キリストが生きておられるのは、**（永遠なる）**神に対して生きておられるのだからです。**」復活のいのちとは、神に対する（そして神との）

永遠のいのちにほかなりません。

「恵みが増し加わるために、私たちは罪にとどまるべきでしょうか」という冒頭の問いへの結論は、こうです。「**あなたがたもキリスト・イエスにあって、自分は罪に対して死んだ者であり、神に対して生きている者だと、認めなさい。**」もはや罪にとどまることなどできません。ただ、神に対して生きるという前進あるのみです！

＊　＊　＊

一　イエス・キリストの福音は、人間の行いにはよらない、神の無償の恵みに基づく、ただ信仰のみによる救いです。したがって、どのような罪人でも〝ありのまま〟で神に受け入れられます。しかし、そのような計り知れない神の愛によって救われた者が〝ありのまま〟で居続けてよいのか。「私たちは罪にとどまるべきでしょうか。」それが、ここで論じられた問題です。人間の想像を絶する神の救いの福音は、いつの時代でも誤解を招く恐れがあります。十六世紀に作られた『ハイデルベルク信仰問答』でも、「この教えは、無分別で放縦な人々をつくるのではありませんか」と問いかけられています（問六四）。しかし、その答えはこうです。「いいえ。なぜなら、まことの信仰によってキリストに接ぎ木された人々が、感謝の実を結ばないことなど、ありえないからです。」

二　パウロが何度も繰り返す〝キリストとともに〟ということばは、パウロの信仰の中核をなす表現の一つです。まさに、信仰者パウロの原体験と言ってもよいでしょう。ローマ人への手紙に先立って記したガラテヤ人への手紙では、「私はキリストとともに十字架につけられました。もはや私が生きているのではなく、キリストが私のうちに生きておられるのです」(二・一九—二〇)と言っています。このキリストと私たちとの一体性を、主イエスご自身が語られたのが、有名な〝ぶどうの木〟の比喩です。「わたしはぶどうの木、あなたがたは枝です。人がわたしにとどまり、わたしもその人にとどまっているなら、その人は多くの実を結びます」(ヨハネ一五・五)。先に引用した『ハイデルベルク信仰問答』にあるとおり、キリストに接ぎ木された信者は、キリストのいのちによって、必ずや豊かに実を結ぶ者へと変えられるのです。

三　パウロが一一節で「認めなさい」と言っていることは大切です。私たちが新しく生きているということを実感できるかどうかではなくて、そうなのだと「認める」ことです。キリストと共に死に、共に復活したという霊的現実は、バプテスマを受けたという事実と同じくらい確実だということです。それが礼典の役割です。信仰の試練にあったときに、宗教改革者マルティン・ルターは「わたしは洗礼を受けた。わたしは洗礼を受けた」と何度も自分に言い聞かせたそうです。洗礼という事実がある以上、自分がもはやキリストのものであるとの事実は揺るがないということです。私たち自身は依然として弱く、罪の力から逃れられない者です。それにもかかわらず、もはや罪に〝支配〟はされていない。私たちを支配しておられるのは主イエスであり、その永遠のいのちの力はもうすでに私たちの内に脈打っている！　その事実を絶えず自分に言い聞かせながら歩んで行きましょう。

16　からだを神に献げる

〈ローマ六・一二―一四〉

「ですから、あなたがたの死ぬべきからだを罪に支配させて、からだの欲望に従ってはいけません。また、あなたがたの手足を不義の道具として罪に献げてはいけません。むしろ、死者の中から生かされた者としてあなたがた自身を神に献げ、また、あなたがたの手足を義の道具として神に献げなさい。罪があなたがたを支配することはないからです。あなたがたは律法の下にではなく、恵みの下にあるのです。」

イエス・キリストの名によって、キリストの中へと洗礼を受けた私たちは、キリストとともに死んだのだということ。しかし、キリストがよみがえられたように、私たちもまた今や新しいいのちに生き始めている。そのように、あなたがたは「認めなさい」とパウロは言いました。しかし、私たち人間は頭だけで生きているわけではありません。頭で認めたからといって、そのとおりに生きられるわけではない。そのことをパウロもよく知っていました。そこで、私たちの「からだ」をどのように使えばよいのかという、まさに〝具体〟的な勧めをします。

＊　　　＊　　　＊

私たちの〝からだ〟は「**死ぬべきからだ**」です。この場合の「死ぬべき」には何も悪い意味はありません。いつかは死ぬという性質をもっているということで〝朽ちる〟というのと同じ意味です（Ⅰコリント一五・五三―五四参照）。問題は、そのからだをどのように使うかです。パウロは、それを「**罪に支配させて**」はいけないと戒めます。それは「**からだの欲望**（複数）**に従う**」という形で現れます。生きている以上、からだには諸々の必要があります。しかし、必要と欲望は違います。欲望は、私たちを突き動かす力で、ときに私たちの理性を押さえつけて従わせ、しばしば暴走します。

「**あなたがたの手足**」とは、からだの〝諸部分（肢体）〟ということで、手と足だけではありません。このからだに与えられたすべての部分、すべての機能ということです。それらは、ある意味で「**道具**」だと言われます。しかし、それは、罪が用いるときに「**不義の**（ための）**道具**」となってしまう。ですから、パウロはそれを「**罪に献げ**（＝差し出し）**てはいけません**」と言うのです。むしろ、あなたがたは神によって「**死者の中から生かされた者**」なのですから、まず「**あなたがた自身を神に献げ**」、また、そのように心に思うだけでなく、「**あなたがたの手足を**（神に仕える）**義の道具として神に献げなさい**」と。

なぜなら第一に、「**罪があなたがたを支配する**（＝主人となる）**ことはないからです**」。私たちのからだの本当の主人は、もはや（キリストとともに死んだ）私でもなければ、罪でもありません。ちょうど奴隷のからだが主人のものであるように、キリスト者もまたそれと同じだと、続く一五節以下で詳しく論じられるとおりです。

〝あなたがたの手足を神に献げなさい〟と命じる第二の理由は、「**あなたがたは律法の下にではなく、恵みの下にある**」からです。ここに突然「律法」が出てくるので分かりにくいかもしれませんが、この献身のあり方こそが、律法の下にいる者と、恵みの下にいる者との大きな違いです。律法に縛られている者にとって、献身とは神に示された多くの規則や戒めに従うことです。他方、神の恵みの下にいる者にとって、献身とは神の愛に応えて生きることにほかなりません。それは真に自由な、感謝と喜びにあふれて自らを神に差し出す行為なのです（一二・一―二以下参照）。

＊　＊　＊

一　聖書は「からだ」を罪悪視しません。からだの様々な欲求それ自体は罪ではありません。飲食も夫婦生活も、この世の生活を楽しむようにと神が与えてくださった賜物だからです（伝道者五・一八、箴言五・一八など）。しかし、それが罪の力に支配されて、欲望のままに行動するとき、エバは禁じられていた木の実に手を伸ばし、ダビデは姦淫の罪を犯すのです。その結果は、悲惨と苦しみでした。キリストの救いは、私たちのたましいのみならず、からだをも救う、丸ごとの救いです。それは、私たちが自分自身のからだをもって、本来の喜びを回復し、「食べるにも飲むにも、何をするにも、すべて神の栄光を現す」（Ⅰコリント一〇・三一）者となるためです。

二　パウロはからだを「道具」と呼びましたが、このことばは〝武器〟と訳すこともできます（ローマ一三・一二、Ⅱコリント六・七、一〇・四）。この武器によって私たちは、自分や他人を傷つけることもできれば、悪との戦いに勝利して平和をもたらすこともできます（エペソ六・一一以下）。使い方も分からないで武器を振り回すのは、危険極まりないことです。私たちのからだは、本来、自分のものではありません。このきわめて精巧な道具を造ってくださったのは、神です。この道具をどのように使えばよいのかをご存じである方に差し出し、「義の武器」として用いていただけるように祈りましょう。

三　それにしても、私たち人間のからだは、なんと弱く脆《もろ》いものかと思います。こんなからだのどこに魅力があるのかと、鏡を見るたびに思ってしまうかもしれません。パウロにもそんなからだの弱点があったようです（Ⅱコリント一二・七）。しかし、私たちの評価と神の評価は違います。親は、自分の子どもがどのような顔かたちをしていようと可愛いと思うでしょう。そのからだにどのような欠けがあろうと、しっかりと抱きしめるでしょう。愛とは、そういうものです。どんなに弱いからだに対しても、主は「わたしの恵みはあなたに十分である。わたしの力は弱さのうちに完全に現れるからである」（IIコリント一二・九）と言ってくださいます。これが、恵みの下にある者の幸いです。私たちを愛してやまないこのお方に、このままのからだをお献げしましょう。

17　神の奴隷

〈ローマ六・一五―二三〉

「では、どうなのでしょう。私たちは律法の下にではなく、恵みの下にあるのだから、罪を犯そう、となるのでしょうか。決してそんなことはありません。あなたがたは知らないのですか。あなたがたが自分自身を奴隷として献げて服従すれば、その服従する相手の奴隷となるのです。つまり、罪の奴隷となって死に至り、あるいは従順の奴隷となって義に至ります。

神に感謝します。あなたがたは、かつては罪の奴隷でしたが、伝えられた教えの規範に心から服従し、罪から解放されて、義の奴隷となりました。あなたがたの肉の弱さのために、私は人間的な言い方をしています。以前あなたがたは、自分の手足を汚れと不法の奴隷として献げて、不法に進みました。同じように、今はその手足を義の奴隷として献げて、聖潔に進みなさい。あなたがたは、罪の奴隷であったとき、義については自由にふるまっていました。ではそのころ、あなたがたはどんな実を得ましたか。今では恥ずかしく思っているものです。それらの行き着くところは死です。しかし今は、罪から解放されて神の奴隷となり、聖潔に至る実を得ています。その行き着くところは永遠のいのちです。

罪の報酬は死です。しかし神の賜物は、私たちの主キリスト・イエスにある永遠のいのちです。」

「罪の増し加わるところに、恵みも満ちあふれ」た（五・二〇）ならば、むしろ「罪にとどまるべきでしょうか」（六・一）という屁理屈に対して、「罪に対して死んだ私たちが、どうしてなおも罪のうちに生きていられるでしょうか」（六・二）とパウロは答えました。そうして「あなたがたは律法の下にではなく、恵みの下にあるのです」（六・一四）という福音が語られたのです。

ところが、今度は「**では、どうなのでしょう。私たちは律法の下にではなく、恵みの下にあるのだから、罪を犯そう、となるのでしょうか**」と、さらなる屁理屈が語られます。罪を警告し断罪する「律法」という規準なしに生きるのであれば、罪を犯し放題ではないか、と。答えはもちろん「**決してそんなことはありません**」です。しかし、恵みの下にありながら、なおも私たち罪人の生活が放縦にならないために、どんな〝縛り〟があるというのでしょう。それが、今回の問題です。

「あなたがたは知らないのですか。あなたがたが自分自身を奴隷として献げて服従すれば、その服従する相手の奴隷となるのです。」驚いたことに、パウロはここで奴隷の比喩を用います。もちろん、当時のローマ帝国には、被征服民を中心に多くの奴隷がいました。教会の中にもまた、奴隷のキリスト者も、奴隷を有する主人たちもいたようです（コロサイ三・二二、四・一等）。しかし、パウロは「あなたがた」すなわち読者全員を奴隷に見立てて説明します。奴隷は自らを献げた主人にのみ仕えねばならない。問題はだれが主人であるかということだ。「**罪の奴隷**」となった場合は死に至り、神への「**従順の奴隷**」となった者は義に至るのだ、と。

＊　　＊　　＊

しかし、すぐさま「**神に感謝します**」と語調を変えて、「かつては罪の奴隷」であったローマ教会の信徒たちが今や「**罪から解放されて、義の奴隷**」であることを、喜びをもって語ります。もちろん、それはイエス・キリストを信じたからですが、興味深いことにパウロは「**教えの規範に心から服従し**」たからだと述べます。「教えの規範」とは、初代教会が共有していた福音の教え（Ⅰコリント一五・三参照）のことと考えられますが、「（あなたがたに）**伝えられた**」と訳されたことばは、直訳すると「あなたがたが引き渡された」という言い方です。ひょっとするとパウロは、この「規範」を、奴隷を売買する際の契約書のようなものになぞらえているのかもしれません。

いずれにせよ、このように信徒たちを〝奴隷〟に喩《たと》えることは、霊的な事柄を「**肉の弱さ**」に合わせて語る「**人間的な言い方**」である、とパウロは釈明します。しかし、大切なのは、その内容です。パウロは、以前と今の状態を比較しながら、「**以前あなたがたは、自分の手足を汚れと不法の奴隷として献げて、不法に進みました。同じように、今はその手足を義の奴隷として献げて、聖潔に進みなさい**」と命じます。つまり「**恵みの下**」(六・一四)に生きるとは放縦に生きることではない、「義の奴隷」として聖なる神のものとして生きることなのだ、ということです。

確かに「**罪の奴隷であったとき、義については自由**」でした。罪が主人だからです。しかし「**そのころ、あなたがたはどんな実**(単数)」を得たかといえば、そんな実りなどはない。むしろ「**今では恥ずかしく思っている**」事ども(複数)ばかりだったのです。そうした人生の「**行き着くところは**(霊的な)**死です**」。罪は死によって支配するからです(五・二一)。「**しかし今は、罪から解放されて神の奴隷となり**」、この主人にふさわしい「**聖潔に至る実を得ています**」。それゆえに、そのゴールは神とともに生きる「**永遠のいのち**」なのです。

あなたがた自身は奴隷にすぎない。しかし、仕える主人によって全く異なる人生を歩むことになるというのが、パウロの結論です。罪の奴隷としてこき使われて得られる「**報**

酬」は死です（罪しか犯せないのですから）。しかし、神の奴隷には、そのような「報酬」はありません。ところが、この主人は驚くべきことに、そのような奴隷たちに「賜物」として「**永遠のいのち**」をくださる。それは「**私たちの主キリスト・イエス**」が私たちのために用意してくださった〝いのちのギフト〟です。

＊　＊　＊

一　信仰者を「奴隷」と見立てる説明は（とりわけ自由人や奴隷の主人たちにとっては）衝撃的です。しかし、だれよりもパウロ自身が（この手紙の冒頭で名乗ったように）自らをキリストの「しもべ（＝奴隷）」と考えていました。それは、言うまでもなく、私たちの主人であるはずのイエス・キリストご自身がご自分を空しくして、「しもべ」の姿を取られたからです（ピリピ二・七）。神の御子が私たちの「奴隷」となられた！　ここに驚くべき福音の根拠があります。つまり、神の「しもべ／奴隷」として生きるという姿勢は、キリスト者にとって本質的な姿なのです。

二　「罪の奴隷であったとき、義については自由にふるまっていた」と、パウロは言いました。これは、私たちの多くが思い描く「自由」の姿を映し出しているのではないでしょうか。〝正しいこと〟に縛られることなく、自分のやりたい放題をする自由です。しかし、それがまさに「不法（＝法が無い）」ということであり、実はその「奴隷」になっていることに気づかない。まるで、あの〝放蕩息子〟（ルカ一五・一一以下）のようです。しばらくは「自由」を謳歌しているように見えましたが、その実「汚れと不法の奴隷」であって、結局行き着く先は人間としての「死」でした。けれども、彼が父の〝雇い人＝しもべ〟にしてもらおうと立ち返ったとき、父は彼が「死んでいたのに生き返った」と抱きしめて、子どもとして迎え入れたのでした。「神の奴隷」になるとは、実は〝神の子ども〟として受け入れられるということにほかなりません（パウロはやがて八章で、この光栄について語ります）。

三　このような「神」という主人の下で働くしもべたちがいただくものは、「報酬」ではありません。私たち罪人の働きに対する報いなど、「死」のほかにはないからです。しかし、イエスが〝ぶどう園のたとえ〟（マタイ二〇・一以下）で語られたように、満足に働けない者にも一日分の（永遠の！）賃金をくださるのが「天の御国」です。それは、気前のいい主人からの「賜物」にほかなりません。「神の奴隷」として、神の畑であるこの世界で働くことができるとは、なんという喜びでしょうか！

18　律法からの解放

〈ローマ七・一―六〉

「それとも、兄弟たち、あなたがたは知らないのですか――私は律法を知っている人たちに話しています――律法が人を支配するのは、その人が生きている期間だけです。結婚している女は、夫が生きている間は、律法によって夫に結ばれています。しかし、夫が死んだら、自分を夫に結びつけていた律法から解かれます。したがって、夫が生きている間に他の男のものとなれば、姦淫の女と呼ばれますが、夫が死んだら律法から自由になるので、他の男のものとなっても姦淫の女とはなりません。ですから、私の兄弟たちよ。あなたがたもキリストのからだを通して、律法に対して死んでいるのです。それは、あなたがたがほかの方、すなわち死者の中からよみがえった方のものとなり、こうして私たちが神のために実を結ぶようになるためです。私たちが肉にあったときは、律法によって目覚めた罪の欲情が私たちのからだの中に働いて、死のために実を結びました。しかし今は、私たちは自分を縛っていた律法に死んだので、律法から解かれました。その結果、古い文字にはよらず、新しい御霊によって仕えているのです。」

「あなたがたは律法の下にではなく、恵みの下にあるのです」（六・一四）という福音に対して、律法という規準なしで生きるのなら何をしてもよいのか、という屁理屈が取り上げられました（六・一五）。それに対してパウロは、主人と奴隷の比喩を用いて、私たちが今や罪の奴隷ではなく神の奴隷となっていることの恵みを力強く語ったのでした。

ローマ教会には、たくさんの異邦人がいたと思われますので、このようなパウロの説明に（多少の抵抗感はあったとしても）深くうなずいたことでしょう。しかし、ユダヤ人キリスト者や、割礼は受けなくとも真の神を恐れて生きてきた人々（使徒一三・一六等）にとっては、すっきりしないものが残ります。キリスト者にとって、あれほど大切だった「律法」はどうなったのかという疑問です。私たち罪人がイエス・キリストを信じるだけで救われるのは分かる。しかし、神の奴隷となった者が、同じ神がくださったはずの「律法」を無視してよいのだろうか。

パウロは、この難問に、七章全体を費やして答えていきます。

＊　＊　＊

おそらくは、キリスト者となったそのようなユダヤ人や〝神を恐れる人々〟を念頭に置いて、パウロはローマ教会の中の「律法を知っている人たち」に対して「兄弟たち」と親しく呼びかけます。そのうえで、キリスト者と「律法」の関係を次のように説明します。「律法が人を支配するのは、その人が生きている期間だけです。結婚している女は、夫が生きている間は、律法によって夫に結ばれています。しかし、夫が死んだら、自分を夫に結びつけていた律法から解かれます。したがって、夫が生きている間に他の男のものとなれば、姦淫の女と呼ばれますが、夫が死んだら律法から自由になるので、他の男のものとなっても姦淫の女とはなりません。」結婚関係を規定する法は、当事者同士が生きている間のみ有効ということは、別に旧約「律法」に限ったことではありません。しかし、ここではやはり「律法」の有効性を考えて論じているのでしょう。

問題は次です。「ですから、私の兄弟たちよ。あなたがたもキリストのからだを通して、律法に対して死んでいるのです。」これは、六章二節以下でパウロが論じたとおり、キリストとともに死んだ私たちの「古い人」（六・六。ガラテヤ二・一九も参照）と理解するか、あるいは先の喩《たと》えと対応させるのであれば、私たちに対する罪という夫の支配が終わった（死んだ）と理解することもできます。いずれにせよ、死んだ以上、律法からは解放されているのです。

しかし、キリスト者は同時に、キリストとともに生きるために（洗礼を通して）復活したのでした。「それは、あなたがたがほかの方、すなわち死者の中からよみがえった方の

死んだのがだれであるのかは少し分かりにくいのですが、今現在の私たちのあり方はハッキリしています。すなわち、律法からは解放されて、新しい夫であるイエス・キリストのものとなっているということです

ものとなり、こうして私たちが神のために実を結ぶようになるためです。」

パウロの主張は明白です。キリスト者には〝かつて〟と〝今〟の二つの状態があり、**「私たちが肉にあったときは、律法によって目覚めた罪の欲情が私たちのからだの中に働いて、死のために実を結びました**（これについては、七節以下でさらに詳しく扱われます）。**しかし今は、私たちは自分を縛っていた律法に死んだので、律法から解かれました」**。その結果もたらされたのは「**古い文字**――すなわち〝死文化した律法〟――**にはよらず、新しい御霊**――すなわち〝生きて働く霊〟――**によって**」神に仕えるという、全く新しい原理に基づく生き方です。

＊　＊　＊

一　ガラテヤ人への手紙やローマ人への手紙を学ぶ際に、私たちにとってなかなか理解できないのが、「律法」に関するパウロの議論です。時代の違いのみならず、私たちが異邦人だからです。しかし、少なくとも当時のユダヤ人にとって、「律法」とは、命がけで守るべき神のことばでした（たとえば、中間時代に書かれたマカバイ記一の最初の部分を

読むだけでよく分かるでしょう)。もしキリスト教が、ユダヤ教とは全く異なる神を礼拝する宗教であれば、何の問題もなかったでしょう。また「律法」が単なる人間のことばであれば、〝あれは間違っていました〟ですんだことでしょう。しかし、キリスト者が礼拝する神は、ユダヤ人たちの神と全く同じ神です。そして、「律法」は、その神が語られた永遠不変のことば(イザヤ四〇・八)なのです。どうしていい加減にすることができましょうか。

二 このユダヤ人の心情を理解すると、パウロがここで語っている結婚の比喩の意図も見えてきます。旧約聖書において、神とイスラエルの関係は、しばしば婚姻関係に喩《たと》えられたからです。それゆえ、この神に対する背信は、姦淫の罪に等しいことになります(ホセア二章参照)。キリスト者になるとは、簡単に「律法」を捨ててイエスに乗り換えるという、そんな節操のないことではない。もしそうだとすれば、多くのユダヤ人はキリスト教会を去って行ったことでしょう。そうではなく、私たちは過去の自分に「死んだ」のだ、と。したがって「律法」から解かれたのであって、今や「律法」によらずに生きることは決して背信行為ではなく正当なのだ、とパウロが力説する理由がここにあります。

三 それゆえ、新約聖書は、イエス・キリストと教会との関係を、再び婚姻関係として表現します(ローマ七・四、マルコ二・一九―二〇、エペソ五・三二、黙示録一九・七等)。しかもこの〝新しい契約(ちぎり)〟は、単なる文字に基づくものではありません。預言者エレミヤが〝心に書き記された律法〟（エレミヤ三一・三三）と呼んだ、霊による人格的な関係です（Ⅱコリント三・六参照）。キリスト者は、文字に規定されてあるから主イエスを愛するのではありません。福音書に描かれたような、私たちを愛してやまない主が今もおられることを信じ、その方を仰ぎ見て愛するのです。強制されてでも、嫌々ながらでもなく、自由に喜びをもって、心からお仕えするのです。これが「律法」から解放された「新しい御霊」による生き方です。

19　神の律法と私の罪

〈ローマ七・七―一三〉

「それでは、どのように言うべきでしょうか。律法は罪なのでしょうか。決してそんなことはありません。むしろ、律法によらなければ、私は罪を知ることはなかったでしょう。実際、律法が『隣人のものを欲してはならない』と言わなければ、私は欲望を知らなかったでしょう。しかし、罪は戒めによって機会をとらえ、私のうちにあらゆる欲望を引き起こしました。律法がなければ、罪は死んだものです。私はかつて律法なしに生きていましたが、戒めが来たとき、罪は生き、私は死にました。それで、いのちに導くはずの戒めが、死に導くものであると分かりました。罪は戒めによって機会をとらえ、私を欺き、戒めによって私を殺したのです。ですから、律法は聖なるものです。また戒めも聖なるものであり、正しく、また良いものです。

それでは、この良いものが、私に死をもたらしたのでしょうか。決してそんなことはありません。むしろ、罪がそれをもたらしたのです。罪は、この良いもので私に死をもたらすことによって、罪として明らかにされました。罪は戒めによって、限りなく罪深いものとなりました。」

パウロが「兄弟たち」と呼びかけた、かつては律法に命をかけて生きていた人々に対して、あなたがたはキリストによって〝死んだ〟のだから、今や律法からは解放されているのだよ、決して神の律法に対して不義理をしているのではないのだよと、キリストへの信仰のみによって生きることの正当性をパウロは説明しました。

そのうえで、これまでともすると罪と一緒にまるで悪役のように論じられてきた律法について、とりわけ私たちの罪との関係について、パウロはいよいよその核心に迫っていきます。

*　　*　　*

「それでは、どのように言うべきでしょうか。律法は罪なのでしょうか。決してそんなことはありません。」 律法そのものは、決して「罪」ではない！　それでは律法をどのように理解すればよいのでしょうか。それは一〇節に言われるように「**いのちに導くはずの戒め**」であり、一二節ではさらにハッキリと「**律法は聖なるもの**（＝神のもの）」であり、「**正しく、また良いもの**」だと言われているとおりです。当然といえば当然のことです。主なる神がご自分の愛する民にお与えになったことばなのですから。それでは、これまでのパウロのすべての議論はいったい何だったのでしょうか。律法と罪とは、はたしてどのような関係なのでしょうか。これが問題です。

パウロはここから一人称単数の「私」について語り始めます。「**律法によらなければ、私は罪を知ることはなかったでしょう。**」以前にも学んだように、確かにルールがなければ、私たちは何が罪なのかを知ることはできません。しかしパウロが言いたいことは、もっと深い事柄です。「**実際、律法が『隣人のものを欲してはならない』**（出エジプト二〇・一七）**と言わなければ、私は欲望を知らなかったでしょう。**」「欲してはならない」と命じられて初めて、自分の心の中に起こる思いが「欲望（＝欲すること）」なのだと認識した。のみならず「**罪は戒めによって機会をとらえ**（＝拠点として）」、そこから私に攻め込み、かえって「**私のうちにあらゆる欲望を引き起こしました**」。禁じられると、やってみたくなる。これは実に深い人間の心理です。そして、そこに人間を陥れる罠がある。逆説的な言い方ですが、「**律法がなければ、罪は死んだもの**」なのです。

パウロは、自分の過去を思い起こしながら語ります。「**私はかつて律法なしに生きていましたが、戒めが来たとき……**」と言います。ユダヤ人にとって、生まれてこの方、律法なしに生きることなどありえません。ここでは、表面的に律法を聞いたり読んだりすることではなく、まさに戒めが心の中に「来た」とき、つまり自覚的に律法を意識するようになった時ということでしょう。そして、そのような経験は、ユダヤ人に限らず、多かれ少なかれ、教会に集うすべての者に共通する経験だったことでしょう。

律法を意識していなかったとき、私は勝手気ままに「生きていました」。しかし、神の律法を意識するようになったとき、私の中で死んだフリをしていた「罪は生き（返り）」、自分が本当は罪に支配されている奴隷であったことが明らかにされ、「私は死にました」。こうして本来「**いのちに導くはずの戒め**」が、むしろ私の罪深さばかりを明らかにして「**死に導くもの**」だという事実を見出してしまった。つまり「**罪は戒めによって機会をとらえ**」、それを隠れ蓑のようにして「**私を欺き、戒めによって私を殺したのです**」。

律法と罪についてのパウロの結論です。「**律法は聖なるものです。また戒めも聖なるものであり、正しく、また良いものです。それでは、この良いものが、私に死をもたらしたのでしょうか。決してそんなことはありません。むしろ、罪がそれをもたらしたのです。罪は、この良いもので私に死をもたらすことによって、罪として明らかにされました。罪は戒めによって、限りなく罪深いものとなりました。**」

暗黒の中にいる者にとって、その暗さを理解することはできません。光に照らされて初めて、その闇の深さを悟るのです。聖なる・正しく・良い律法を知るに及んで、人は初めて自分が抱えている闇の深さを思い知らされます。罪が罪としての正体を現すのです。しかもそれは「限りなく罪深い」闇の深淵です。

＊　＊　＊

一　すでに学んできたように、「律法」とは、狭い意味では十戒に代表されるようなモーセの律法、広い意味では旧約聖書全体を指します。この「律法」について、おそらくはこのローマ人への手紙やガラテヤ人への手紙の影響のゆえに、キリスト教会に多くの誤解や間違った考え方が入り込んでしまいました。律法または旧約聖書を否定する異端、旧約＝ユダヤ教／新約＝キリスト教という図式、等々。また、旧新両約聖書を正典と信じつつも、実際には旧約をほとんど読まないキリスト者は結構いるのではないでしょうか。しかし、パウロ自身が論じているとおり、律法は聖なる神のことばですから、良いものです。詩篇一一九篇（四七、四八、九七、一〇三節）を読めば、そのことは一目瞭然です。律法が問題なのではなく、私たちの罪が問題なのです。

二　パウロが七節で引用したのは、十戒のうちの〝第十戒〟のことばです。十戒には、ほかにも「殺してはならない」「姦淫してはならない」等の戒めがありますが、パウロがこの戒めを引用したことは重要です。なぜなら、この戒めだけが、外的な行為ではなく、心の中にある欲望を禁じているからです。興味深いことに、エデンの園の中央にある木から「食べてはならない」（創世二・一七）という神の戒めを悪用して蛇が誘惑したときに、女がその木を見ると「好ましかった（＝唆《そその》かしていた）」（創世三・六）ということばが、まさに第十戒で禁じている「欲する」ということばです。主イエスが山上の説教（マタイ五・二一、二八）で明らかにされたように、人の心の中に湧き起こる自己中心的な思い（欲望／貪欲）こそ、人を神から引き離すあらゆる罪の根源です（コロサイ三・五）。

三　そのような人間の罪の深層を明らかにするのが、神のことばであり、律法です。〝私は罪人です〟と告白することは一つのことです。しかし、自分の心の中に、どのような具体的な罪が潜んでいるのかを暴いて悔い改めを迫るのは、神の権威あるご意志である律法のことばなのです。私自身、教会に通い始めたころ、主日礼拝のたびに読み上げられた十戒のことばに、どれほど心を探られたことか知れません。「父母を敬え」などというきわめてありふれた戒めでさえ、それが神のご意志として語られるとき、それとは裏腹な自分の姿が明らかにされたからです。律法そのものは、本来、人の幸いのために神がくださった道標です。その本来の働きを回復させるためにこそ、永遠の〝神のことば〟である方は、この世に来られました（マタイ五・一七、ヨハネ一・一四）。

20　みじめな人間

〈ローマ七・一四―二五〉

「私たちは、律法が霊的なものであることを知っています。しかし、私は肉的な者であり、売り渡されて罪の下にある者です。私には、自分のしていることが分かりません。自分がしたいと願うことはせずに、むしろ自分が憎んでいることを行っているからです。自分のしたくないことを行っているなら、私は律法に同意し、それを良いものと認めていることになります。ですから、今それを行っているのは、もはや私ではなく、私のうちに住んでいる罪なのです。私は、自分のうちに、すなわち、自分の肉のうちに善が住んでいないことを知っています。私には良いことをしたいという願いがいつもあるのに、実行できないからです。私は、したいと願う善を行わないで、したくない悪を行っています。私が自分でしたくないことをしているなら、それを行っているのは、もはや私ではなく、私のうちに住んでいる罪です。

そういうわけで、善を行いたいと願っている、その私に悪が存在するという原理を、私は見出します。私は、内なる人としては、神の律法を喜んでいますが、私のからだには異なる律法があって、それが私の心の律法に対して戦いを挑み、私を、からだにある罪の律法のうちにとりこにしていることが分かるのです。私は本当にみじめな人間です。だれがこの死のからだから、私を救い出してくれるのでしょうか。私たちの主イエス・キリストを通して、神に感謝します。こうして、この私は、心では神の律法に仕え、肉では罪の律法に仕えているのです。」

本来、良いものであるはずの律法が、私を死に至らしめた。それは、律法によって正体を暴かれた罪の仕業だ、とパウロは言いました。ここでは、「私」の中で繰り広げられる、罪との相克が最も激しく描き出されます。

* * *

「**律法が霊的な**――神の――**もの**」であることは、信仰者にとって皆が知っている公理のようなものです。しかし、悲しいかな、「**私は肉的**――肉体的・物質的・この世的――**な者**」であり、霊的なものに従うことができないために、奴隷として「**売り渡されて罪の下にある者**」と言わざるをえません。それというのも、「**私には、自分のしていることが分かりません**（＝納得できない）」とパウロは言います。なぜなら、「**自分がしたいと願う**――律法に従う――**こと**」は何一つできず、「**むしろ自分が憎んでいることを行っている**

からです」。そして、もし「自分のしたくない——律法に背く——ことを行っている」とすれば、私自身はむしろ「律法に同意し、それを良いものと認めていることになります」。

こうして、律法には何の責任もないことが明らかになりました。また、私が憎んでいることを行っているとすれば、「今それを行っているのは、もはや私ではなく、私のうちに住んでいる罪なのです」。他方、「私は、自分のうちに、すなわち、自分の肉のうちに善が住んでいないことを知っています」。なぜなら、「私には良いことをしたいという願いがいつもあるのに、実行できないからです」。パウロは繰り返して強調します。「私は、したいと願う善を行わないで、したくない悪を行っています。私が自分でしたくないことをしているなら、それを行っているのは、もはや私ではなく、私のうちに住んでいる罪です。」パウロはここで、決して「私」の責任逃れをしようとしているのではありません。罪が住み着く「私」も依然として「私」だからです。そうではなく、信仰者の中でせめぎ合う罪との戦いを描こうとしているのです。

善を願う心とそれをなし得ない肉、律法と罪との関係を、パウロはさらに〝ノモス〟というギリシア語を用いて説明します。ところが、この単語は「原理」とも「律法」とも訳せるために、実に翻訳が難しい箇所です。ひょっとするとパウロは、以前二章で展開したように、ユダヤ人にとっての律法（ノモス）と異邦人にとっての原理（ノモス）という掛けことばで説明しようとしているのかもしれません。

同じことが、似たような言い回しで少しずつ表現を変えて繰り返されていますので、並べて比較してみましょう。

「善（である律法）を行いたいと（心で）願っている、
その私（の肉）に悪が存在するという原理（＝律法）を、私は見出します。」

「私は、内なる人としては、神の律法を喜んでいますが、
私のからだには異なる律法があって、
それが私の心の律法に対して戦いを挑み、
私を、からだにある罪の律法のうちにとりこにしていることが分かるのです。」

「この私は、心では神の律法に仕え、
肉では罪の律法に仕えているのです。」

パウロが言わんとすることは、明瞭です。「私」の中に、心と肉という二つの側面があり、それぞれにとっての律法の意味が異なるということです。すなわち、心（内なる人）では善であり喜びであり仕えたいと願うものですが、肉（からだ）においては悪と罪の支配の道具となって私を捕虜にするものなのです。

先に学んだとおり、神の聖なる律法は、罪の正体を暴きはしますが、善をなし得ない私をただ糾弾し、死に引き渡すことしかできません。肉的な存在である以上、霊的な律法を

行うことによっては、だれ一人救われることはできないのです（ローマ三・二〇）。パウロは、そのような身の上を嘆いて叫びます。「**私は本当にみじめな人間です。だれがこの死のからだから、私を救い出してくれるのでしょうか**」と。しかし、これが絶望の叫びではないことは、すぐさま「**私たちの主イエス・キリストを通して、神に感謝します**」と応えることから分かります。

それでは、いったい何が感謝なのでしょうか。それが、続く第八章で明らかにされます。いよいよ、ローマ人への手紙全体のクライマックスです。

＊　＊　＊

ここに登場する「私」は、もちろんパウロ自身のことですが、それは同時に、神の律法を真摯に生きようとするすべての人々にあてはまることでもあるでしょう。ユダヤ人はもとより、異邦人でありながら〝神を恐れる人々〟、そしてキリスト者となった人々でさえも。なぜなら、罪の力との格闘は、罪が罪として正体を現さなければ（すなわち、律法によって照らし出されなければ）起こりえないからです。人間としてだれもがもっている良心の葛藤ということはあるでしょう（ローマ二・一五参照）。しかし、パウロがここで論じているのは、そんな生易しい葛藤のことではありません。神の律法（七・二二）から「私」を引き離して、自らの「とりこ」にしてしまおうとする、罪の恐るべき力との戦いです。

二　そして、私たち人間は、この戦いにあえなく敗れます。先に、アダムによって罪と死が世に入り込んだ（ローマ五・一二）とパウロは説明しましたが、ここでの議論はまるでアダムの子カインの物語を彷彿させます。兄弟アベルに嫉妬して激しく憤ったカインに対し、神は「もし良いことをしていないのであれば、戸口で罪が待ち伏せている。罪はあなたを恋い慕うが、あなたはそれを治めなければならない」（創世四・七）と言われました。ところが、結局、罪を治めるどころか罪に支配されて、殺人の罪を犯すのです。肉なる人間の中には善が住んでいない。そこに居座って、私たちを支配しているのは罪なのだという現実を、私たちに突きつける物語です。

三　私たちの「心」は、罪の力にいわば蹂躙されて「とりこ」になっていると言われます。これは、一見すると、肉体の牢獄の中に閉じ込められた人間のたましいというギリシア的人間観のように見えますが、パウロは決して肉体そのものを邪悪視していないことに注意しましょう（聖書にはそのような思想はありません）。「からだ」と「肉」とは違います。「心」が閉じ込められているのは、肉欲を掻きたてる罪の支配です。つまり、心もからだも、罪の奴隷になっているということです。したがって、このような「みじめな人間」を救う力は、人間の内にはありません。それはただ、外から（上から！）来る、神の驚くべき救いの力です。

21　御霊に従って歩む

〈ローマ八・一―一一〉

「こういうわけで、今や、キリスト・イエスにある者が罪に定められることは決してありません。なぜなら、キリスト・イエスにあるいのちの御霊の律法が、罪と死の律法からあなたを解放したからです。肉によって弱くなったため、律法にできなくなったことを、神はしてくださいました。神はご自分の御子を、罪深い肉と同じような形で、罪のきよめのために遣わし、肉において罪を処罰されたのです。それは、肉に従わず御霊に従って歩む私たちのうちに、律法の要求が満たされるためなのです。

肉に従う者は肉に属することを考えますが、御霊に従う者は御霊に属することを考えます。肉の思いは死ですが、御霊の思いはいのちと平安です。なぜなら、肉の思いは神に敵対するからです。それは神の律法に従いません。いや、従うことができないのです。肉のうちにある者は神を喜ばせることができません。しかし、もし神の御霊があなたがたのうちに住んでおられるなら、あなたがたは肉のうちにではなく、御霊のうちにいるのです。もし、キリストの御霊を持っていない人がいれば、その人はキリストのものではありません。キリストがあなたがたのうちにおられるなら、からだは罪のゆえに死んでいても、御霊が義のゆえにいのちとなっています。
イエスを死者の中からよみがえらせた方の御霊が、あなたがたのうちに住んでおられるなら、キリストを死者の中からよみがえらせた方は、あなたがたのうちに住んでおられるご自分の御霊によって、あなたがたの死ぬべきからだも生かしてくださいます。」

人間は肉的な存在である以上、霊的な律法を行うことはできない。私の中に居座る罪の力の下に、心もからだも蹂躙されている。「私は本当にみじめな人間です。だれがこの死のからだから、私を救い出してくれるのでしょうか」と、パウロは思わず天を仰いで叫んだのでした。しかし、その絶望の叫びをはるかに超える神の救いの〝高峰〟（この手紙全体のクライマックス）を、パウロは語りだします。

*　*　*

「律法を知っている人たち」（七・一）に、律法のみに生きることの絶望的な末路を示したパウロは、**「今や、キリスト・イエスにある者が罪に定められることは決してありません」**と高らかに宣言します。それは、律法とは関わりのない神の義（三・二一）のゆえではありません。ここでは、もっと積極的に「罪と死の律法」を凌駕する「キリスト・イエスにあるいのちの御霊の律法」、すなわち御霊が支配し主導する律法が「あなたを解放したからです」。それというのも、「肉によって（罪の支配下に置かれて）弱くなったため、律法にできなくなったこと」、すなわち「肉において罪を処罰」するということを、神が成し遂げられたからです。「神はご自分の御子」を、いわば人間の代表として「罪深い肉と同じような形」で、あらゆる「罪のきよめ」のいけにえとして遣わし、あの十字架上で御子の肉もろともに罪を処断されたのです。こうして、罪は、私たちの肉を支配する力を失いました。それは「肉に従わず御霊に従って（＝後について）歩む私たちのうちに、律法の要求が満たされるため」です。

なぜそうなのかを、パウロは丁寧に説明します。「肉に従う者は肉に属することを考え（＝思いを向け）ますが、御霊に従う者は御霊に属することを考えます。」そして、神の「律法の要求」とは神の御霊の思いにほかならないのですから、御霊に従う信仰者のうちにこそ、全うされるのです。「肉の思いは死ですが、御霊の思いはいのちと平安（＝平和）」へと導きます。「なぜなら、肉の思いは神に敵対するからです。それは神の律法に従い（＝服し）ません。いや、従うことができないのです。肉のうちにある者は神を喜ばせることができません。」

他方、「あなたがたは肉のうちにではなく、御霊のうちにいる」とパウロは断言します。

もちろん、「神の御霊があなたがたのうちに住んでおられる」かぎりにおいてですが。しかし、「神の御霊」と言われるだけでは判然としないためでしょう。パウロは「もし、キリストの御霊を持っていない人がいれば、その人はキリストのものではありません」と言い換えます。イエス・キリストを信じる信仰が鍵なのです。そして、このキリストを信じ、「キリストがあなたがたのうちにおられるなら、からだは罪のゆえに死んでいても（キリストの）御霊が（キリストの）義のゆえにいのちとなって」、あなたがたを生かしているのだ、と。

この御霊のいのちの力は、単に霊的ないのちだけではありません。「イエスを死者の中からよみがえらせた方の御霊が、あなたがたのうちに住んでおられるなら、キリストを死者の中からよみがえらせた方は、あなたがたのうちに住んでおられるご自分の御霊によって、あなたがたの死ぬべきからだも生かしてくださいます。」私たちの心とからだとを罪と死の支配から解放してくださった方は、私たちの「死ぬべきからだ」をも、ご自分の御霊の復活の力によって、全く新しいいのちへと生まれ変わらせることができるお方です。

そして、これこそが、「だれがこの死のからだから、私を救い出してくれるのか」との問いに対する究極の答えなのです！

*　*　*

一　キリストへの信仰による救いは神の律法を無効にはしない。むしろ確立する。これが、パウロの主張でした（ローマ三・三一）。そして「キリスト・イエスにあるいのちの御霊の律法」という教えこそが、その根拠です。キリスト者自身は、信じた後も、なお律法の教えに従い得ない肉の弱さをもち続けます。ところが、キリストの犠牲のゆえに、キリスト者は罪に定められない。それどころか、律法をお与えになった神ご自身の心とも言うべき御霊が与えられる。つまり、律法を行う力さえも神が備えてくださるということです。そして、これこそが、昔、エレミヤが預言した〝新しい契約〟の成就です。「わたしは、わたしの律法を彼らのただ中に置き、彼らの心にこれを書き記す。わたしは彼らの神となり、彼らはわたしの民となる」（エレミヤ三一・三三）。

二　「神の御霊」を「キリストの御霊」とパウロが言い換えているように、神もキリストも聖霊も一つです（三位一体！）。御霊は、天におられるキリストの霊と言ってもよいでしょう。したがって、イエス・キリストへの信仰をもっている人はだれであれ、キリストの御霊をもっている。すなわち、御霊の働きの中に置かれています。おもしろいのは、パウロが、キリストや御霊がうちにおられると言ったり、キリストや御霊のうちにあると言ったりすることです。要するに、キリスト者は、内に外に、キリストと御霊の働きに包まれているということです。そうであれば、私たちは（まるでキリストと無縁であるかのように）肉に従って歩むのではなく、御霊に従って歩みましょう（ガラテヤ五・二五）。大切なのは、具体的に何をするかということよりも、どこに向かって生きるかという私たちの「思い」の方向性です。死に向かう道なのか、いのちと平安に向かう道なのか、ということです。

三　聖書は、人間の肉体を軽視しません。それは、神がお造りくださった良き器です。だからこそ御子は「罪深い肉と同じような形」すなわち肉体そのものを（罪は別にして）取られたのです。それは、単に人間の肉に対する罪の支配を処断するためだけではありませんでした。主ご自身が、ご自分の肉体をもってよみがえられたことにより、すべてキリストにある者たちもまた、栄光のからだへと復活するためです。そうして、最後に私たちの「死ぬべきものが死なないものを着るとき」、罪の力も死も、イエス・キリストの勝利に呑み込まれるのです（Ⅰコリント一五・五四―五七）。

22　神の子ども

〈ローマ八・一二―一七〉

「ですから、兄弟たちよ、私たちには義務があります。肉に従って生きなければならないという、肉に対する義務ではありません。もし肉に従って生きるなら、あなたがたは死ぬことになります。しかし、もし御霊によってからだの行いを殺すなら、あなたがたは生きます。神の御霊に導かれる人はみな、神の子どもです。あなたがたは、人を再び恐怖に陥れる、奴隷の霊を受けたのではなく、子とする御霊を受けたのです。この御霊によって、私たちは『アバ、父』と叫びます。御霊ご自身が、私たちの霊とともに、私たちが神の子どもであることを証ししてくださいます。子どもであるなら、相続人でもあります。私たちはキリストと、栄光をともに受けるために苦難をともにしているのですから、神の相続人であり、キリストとともに共同相続人なのです。」

罪に支配された私たちの絶望的な「死のからだ」を救い出す方、それはイエス・キリストにあるいのちの御霊でした。パウロは、この御霊に活かされるキリスト者の生の恵みと神秘を（二七節まで）雄弁に語り続けます。

＊　＊　＊

私たちの死ぬべきからだがやがて神の霊によって復活させられるという、驚くべき神の御業をパウロは語りました。「**ですから、兄弟たちよ、私たちには義務があります**」と、復活の時に向かって生きる私たち信仰者のあり方について、パウロは気を引き締めるようにして呼びかけます。もちろんそれは、「**肉に従って生きなければならないという、肉に対する義務ではありません。もし肉に従って生きるなら、あなたがたは死ぬことになります**」。それはすでに学んできたとおりです。

「**しかし、もし御霊によってからだの行いを殺すなら、あなたがたは生きます。**」問題は「からだ」そのものではありません。死臭を放つ悪しき「行い」を根絶する必要があるのです。しかも、私の力によってではなく、御霊によって。つまり、今や御霊がキリストにある私たちの心もからだも生かそうとしてくださるのですから、この御霊の働きを妨げず、御霊に従って生きることがキリスト者の義務なのです。

御霊に従う道は、いのちの道です。なぜなら、「**神の御霊に導かれる人はみな、神の子ども**」だからです。私たちに与えられた御霊は、「**人を再び恐怖に陥れる、奴隷の霊**」ではなく、むしろ死の恐怖や罪への隷属から解放して、神の「**子とする御霊**」であり、このキリストの霊によって私たちは神に対して**「アバ（すなわち）父」**と叫ぶことができるのです。そして事実、与えられた御霊によって私たちが叫ぶとき、御霊ご自身もまた、確かに**「私たちが神の子どもであること」**の証拠とみなしてくださるのだ、と。

さらに、もし私たちが真に神の「子どもであるなら、相続人でも」あるとパウロは言います。すなわち**「神の相続人」**であり、御子であられる**「キリストとともに共同相続人」**なのだ、と。そして、キリストとの共同相続人であるならば、**「栄光をともに受ける（＝共同受賞者となる）」**わけですが、そのためには**「苦難をともにしている（＝共同受苦者でもある）」**ことを自覚する必要があります。

＊　　＊　　＊

一　パウロは、六章で、罪に死んで神に生きるようになった者たちを〝奴隷〟に喩《たと》え、「罪の奴隷」ではなく「神の奴隷」として聖なる生活を送るようにと励ましました（六・一五―二三）。それは、「キリスト・イエスのしもべ」（一・一）を自認するパウロにとっては、納得のいく比喩だったかもしれません。しかし、キリストにある者たちが、もはや奴隷ではなく、「神の子」であり「相続人」でもあることが、パウロの福音理解の根幹にある確信でした（ガラテヤ四・一―七参照）。本章における奴隷と子どもの対比は、さらに、単なる身分の違いだけでなく、「人を再び恐怖に陥れる」隷属的な生き方と、あたかも小さな子どもが親に手を引かれて嬉々として歩むような「御霊に導かれる」子どもたちの生き方の違いを指し示しています。

二　「子とする」（一五節）とは、文字どおりには「養子」ということばです。神のひとり子であるイエス・キリストだけが本来の神の御子ですが、このキリストのゆえに、私たちもまた神の子どもにしていただけるのです。それは、一段劣った子どもたちということではありません。ちょうど子のいない夫婦が相続を与えるために特別に選んだ者を養子とするように、神は（御子がおられるにもかかわらず！）私たちにも相続を与えようと特別に選んで養子にしてくださるのです（八・二八―三〇参照）。そうして養子にした子どもたちが、本当に神の子らしく成長するように、御霊によって整えてもくださる。これがキリスト者の歩みです。

三　私たちが御霊をいただいているという最も顕著なしるしは、何か不思議な業ができることでも、聖人のような生活をすることでもなく、神に対して「アバ（父）」と祈ることです。「アバ」ということばは当時のユダヤ人の多くが使っていたアラム語ですが、パパやママと同様、おそらくは幼児が発する音から派生したことばでしょう。大切なことは、ほかならぬイエスご自身が、神に対して「父よ」と呼びかけておられたことです（マルコ一四・三六）。そして、このキリストに従う弟子たちもまた、神に「父よ」と呼びかけるようにと教えられていたのです（マタイ六・九）。それこそが、神の子どもにふさわしいことだからです。喜びの日にも苦しみの時にも、神に対して〝父さん〟と呼びかけることが許されているとは、なんという幸いでしょうか！

23　産みの苦しみ

〈ローマ八・一八―二五〉

「今の時の苦難は、やがて私たちに啓示される栄光に比べれば、取るに足りないと私は考えます。

被造物は切実な思いで、神の子どもたちが現れるのを待ち望んでいます。被造物が虚無に服したのは、自分の意志からではなく、服従させた方によるものなので、彼らには望みがあるのです。被造物自体も、滅びの束縛から解放され、神の子どもたちの栄光の自由にあずかります。私たちは知っています。被造物のすべては、今に至るまで、ともにうめき、ともに産みの苦しみをしています。

それだけでなく、御霊の初穂をいただいている私たち自身も、子にしていただくこと、すなわち、私たちのからだが贖われることを待ち望みながら、心の中でうめいています。私たちは、この望みとともに救われたのです。目に見える望みは望みではありません。目で見ているものを、だれが望むでしょうか。私たちはまだ見ていないものを望んでいるのですから、忍耐して待ち望みます。」

神の御霊に導かれる人はみな、神を「父」と呼ぶ神の子どもであり、キリストとともにその栄光を受け継ぐ共同相続人でもある、とパウロは福音の奥義を語り始めました。そして、キリストとともに栄光を相続するのであれば、同時に苦難をも共にするのだ、と。

＊　＊　＊

しかし「**今の時の苦難は、やがて私たちに啓示される栄光に比べれば、取るに足りない**」というのが、信仰の論理に基づくパウロの「**考え**」です。そして、この苦難から栄光への途上、否、栄光への希望をはらんだ苦難を生きるのが「今の時」なのです。パウロは、この「今の時」を生きる被造物と私たち、そして聖霊の働きについて、順次述べていきます。

神に造られた（人間を除く）「**被造物は切実な思いで**（＝首を長くして）、**神の子どもたちが現れるのを待ち望んで**」いる、とパウロは言います。なぜなら、被造物が「**虚無**」に服しているからです。しかもそれは、人間のように自分の意志で堕落したためではなく、創造者である神の意志とご計画に基づくものなので、「**彼らには望みが**」あります。なぜなら、人間と運命共同体のように創られた被造物は、人間の堕落とともに「**滅びの束縛**」のもとに置かれてきましたが、キリストによる救いの出現によって、今やその呪縛から

「解放され」、御心を完全に行う「神の子どもたちの栄光」によってもたらされる「自由」にあずかる望みを得たからです。しかし、神の養子とされた人々が生まれたものの、いまだ栄光には至っていないために、完成の日を待ち望みつつ、「被造物のすべては、今に至るまで、ともにうめき、ともに産みの苦しみをして」いるのです。

そして、まさにキリストの「御霊の初穂をいただいて」救いの恵みに生き始めた「私たち自身」も正真正銘の神の「子にしていただくこと」、すなわち、いのちの御霊によって罪が完全に死滅させられ、私たちの「からだが贖われること（＝からだの贖罪）を待ち望みながら、心の中でうめいて」います。

実に、私たちは「この望みとともに救われた」のだ、とパウロは言います。つまり、キリストへの信仰とは、単にその時だけの刹那的なものではなく、救いの完成への希望を含むものだということです。実際、信仰と同様、「目に見える望みは望みではありません。目で見ているものを、だれが望むでしょうか。私たちはまだ見ていないものを望んでいるのですから（別訳＝望んでいるのなら）、忍耐して待ち望みます」。そして、その希望は、決して失望には終わりません（ローマ五・五）。

＊　＊　＊

一　苦難と忍耐と希望。それがここでのテーマです。これもまたキリスト教信仰の中心を構成する大きな特質です。多くの宗教が家内安全・無病息災のような現世的ご利益《りやく》を訴えるのに対して、キリスト教信仰は、真正面から苦難と忍耐を語ります。言うまでもなく、その福音の中心に、主イエスの十字架があるからです。そして、福音とは、この主イエスと結び合わされることだからです。逆説的な言い方ですが、キリストにある喜びに深くあずかればあずかるほど、この世では苦しみを避けることができません。実際、パウロ自身、多くの苦しみを体験した人でした（Ⅱコリント一・八、一一・二三―二七等）。にもかかわらず、「比べものにならないほど重い永遠の栄光」に比べれば、それは「一時の軽い苦難」（Ⅱコリント四・一七）にすぎない。これがパウロの確信であり、キリスト教信仰の真髄です。福音の中心には、十字架のみならず、復活があるからです。

二　福音を説き明かし始めた冒頭（一・一八以下）で、パウロは、被造物に現された神の性質と人間の罪について語りましたから、人間の救いの完成を述べるにあたって今一度被造物全体に言及することは不思議ではありません。被造物が「虚無」に服したのは、本来被造物に輝きを与えるはずの人間が堕落して、むしろ暴君に成り下がったからです。皮肉なことに、人間不在のほうが被造物は安息できるとさえ言われています（レビ二六・三四等）。しかし、神のご計画は、被造物のない世界ではなく、被造物たちもまた平和と正義の中で安息できる（イザヤ一一・六―九参照）新しい天と新しい地です（Ⅱペテロ三・一三）。それは、神の心を心とする神の子どもたちによって治められる、生まれ変わった世界です。キリスト者は、そのような世界再生の代理人《エージェント》なのです。

三　被造物と私たちの「うめき」とは、ただ苦難にあえぐことではなく、「産みの苦しみ」（二二節）のことです。新しいいのちを生み出すための「うめき」です。そうして新しいいのちが誕生すると、その喜びのために激しい痛みを忘れる、と主イエスが言われたとおりです（ヨハネ一六・二一）。キリスト信仰において悲しみや苦難を避けることはできませんが、それにはるかにまさる圧倒的な喜びの力が私たちを支えます（Ｉペテロ一・六―九）。先が見えないために不安になりますが、同じく目には見えない神の愛と力に守られていることを心に留めましょう。さらに、私たちには共に歩む仲間たちがいることを忘れてはなりません（本章一五節以下では、もっぱら「私たち」が用いられていることに注意）。主イエスは十字架の道をたったひとりで歩まれましたが、私たちは数知れない兄弟姉妹たちとともに、励まし合いながら、栄光へと続く道を喜びに満ちた希望をもって歩み続けるのです。

24　万事が益となる

〈ローマ八・二六―三〇〉

「同じように御霊も、弱い私たちを助けてくださいます。私たちは、何をどう祈ったらよいか分からないのですが、御霊ご自身が、ことばにならないうめきをもって、とりなしてくださるのです。人間の心を探る方は、御霊の思いが何であるかを知っておられます。なぜなら、御霊は神のみこころにしたがって、聖徒たちのためにとりなしてくださるからです。神を愛する人たち、すなわち、神のご計画にしたがって召された人たちのためには、すべてのことがともに働いて益となることを、私たちは知っています。神は、あらかじめ知っている人たちを、御子のかたちと同じ姿にあらかじめ定められたのです。それは、多くの兄弟たちの中で御子が長子となるためです。神は、あらかじめ定めた人たちをさらに召し、召した人たちをさらに義と認め、義と認めた人たちにはさらに栄光をお与えになりました。」

神の救いの完成である栄光の時を待ち望みながら、産みの苦しみを耐えなければならないのが「今の時」です。この「今の時」を生きる被造物と私たちの姿を語ったパウロは、さらに今働いておられる聖霊の神秘的な働きをも明らかにし、そうして神の救いの計画の全貌を伝えます。

＊　　＊　　＊

被造物は栄光の自由を待ち望んでうめき、私たちもまたからだの完全な贖いを待ち望んでうめきます。そして、驚くべきことに、「**同じように御霊も**」うめく、とパウロは語るのです。御霊のうめきは、しかし、被造物や私たちのうめきとは違います。いまだ完成には至らないがゆえに「**弱い**」私たちを「**助け**」るためのうめきだからです。「助ける」の原語は、「共に・代わって・引き受ける」という三つの単語から成る造語です。まさに御霊は、私たちが完全な贖いに達するために、日夜共にいて、私たちに代わって、その業を引き受けてくださる御方なのです。そして、そのことが端的に現れるのが祈りです。

「**私たちは、何をどう祈ったらよいか分からない**」とパウロは言います。この場合の祈りとは神への求めのことです。私たちは神の栄光へと招かれていますが、その栄光とは何なのか、そこに至るために何を求めればよいのか、何も分かりません。ときには、苦しみのために祈ることさえできないこともあります。ところが、「**御霊ご自身が、ことばにならない**（人には理解できない）**うめきをもって、とりなしてくださるのです**」。そして

「**人間の心を探る方**」すなわち神は、私たちの心の中でとりなしてくださる「**御霊の思いが何であるかを知っておられます**」。しかも、ご自身が神である御霊の思いとは、当然「**神のみこころにしたがって**」いるのですから、御霊のとりなしは一〇〇％確実です。

　そうして、御霊のとりなしに応えるようにして、「**神を愛する人たち、すなわち、神のご計画にしたがって召された**（＝救いに導かれた）**人たちのためには、すべてのことがともに働いて**」彼らの救いの完成のために「**益となる**」ように、神がはからってくださいます。それは、信仰者であれば、だれもが体験的に「**知って**」いる事実です。

　しかし、そもそも万事が益となるという「神のご計画」とは、何でしょう。それは、その人々を神がすべてに先立って「**あらかじめ知って**」おられ、「**御子のかたちと同じ姿**」すなわち真の神の子としての性質となるように「**あらかじめ定められた**」ということです。そうして、私たちが神の子らとなり、「**多くの兄弟**（姉妹）**たちの中で御子が長子となる**」、すなわちキリストにある一つの家族となるためです。

　実にこのために「**神は、あらかじめ定めた人たちをさらに**（救いへと）**召し、召した人たちをさらに**（信仰を与えて）**義と認め、義と認めた人たちにはさらに**（救いの完成としての）**栄光をお与えになりました**」。もちろん、栄光が与えられるのは将来のことです。にもかかわらず、それがあらかじめ定められた神のご計画である以上、すでに実現したこととして（過去形で）パウロは述べるのです。

一　祈りは、神の子どもたちと「父」（八・一五）との対話ですから、何でも祈ることができます。とりわけ、御子イエスの名による祈りを父は何事でも聞き入れてくださると約束されています（ヨハネ一六・二三―二四）。しかし、その祈りがはたして神の御心にかなっているかどうか、私たちには分かりません。また、祈ったことがそのまま実現するとも限りません（想像を超えた実現もあります！）。それはちょうど、子どもたちのたくさんの願いに細大もらさず耳を傾けながらも、その子にとっての最善だけを実現させる親に似ています。子どもは親の心を理解することはできませんが、親を信頼しているだけで十分です。御霊なる神は、そのように未熟な子どもたちの弱さをご存じのうえで、そこから神の子として成長するために必要なものを、一人ひとりに合わせてとりなし、しかも実現へと導いてくださるという（まるで母のような!?）驚くべき神であられます。

＊　＊　＊

二　「すべてのことがともに働いて益となる」という有名なことばは、まさにそのような意味で理解しなければなりません。すべてのことがその人の思いどおりになる、という意味ではありません。そうではなく、未熟な私たち神の子どもたちが御子のかたちと同じ姿に成長するために「益となる」、そのために万事が配剤されるということです。その「すべてのこと」には、（この後パウロが列挙する）苦難や苦悩や迫害や飢えや裸や危険や剣（八・三五）なども入ることでしょう。実に、今の時に信仰者が味わう一切の苦難は、彼らがより強くより聖く成長するために父から与えられる訓練です。もちろん、訓練そのものは喜ばしいものではありません。まして、苦難を正当化することはできません。それにもかかわらず、後には神のご性質にあずかる平安をもたらすものなのです（ヘブル一二・一〇—一一）。それは、ひたすらに子どもの成長を願う、父なる神の愛に基づく配剤だからです。「苦しみにあったことは　私にとって幸せでした」（詩篇一一九・七一）との詩人の告白は、やがてそのような神の愛が分かったときに信仰者が実感する、偽らざる告白でありましょう。

三　ここには、父なる神と御子と聖霊なる神の一体的な御業が語られています。この三位一体の永遠の神の救いの業を、パウロは「あらかじめ知っていた」「あらかじめ定められた」と繰り返し表現しています。ここでの「あらかじめ」とは、彼らが生まれる以前（エレミヤ一・五、ガラテヤ一・一五等）とも天地創造の前（エペソ一・四）とも理解することができます。しかし、大切なのは、単に時間的にどれくらい前かということよりも（本人にとっては、生まれる前も創造前も同じ！）、私たちの救いの一切が究極的には神の秘められたご計画に基づいているということ、私たち人間の救いは徹頭徹尾ただ神の恵みによるということです。これまでパウロは、救いは信仰によるということを強調してきましたが、ここに至って、その信仰さえも神がお与えくださるものであることを明らかにしました。そうであればこそ、私たちの救いは、決して揺らぐことがありません。あやふやで弱い人間の業ではないからです。そして、今や「神を愛する」者となった人々を、神は確実に栄光へと導かれるのです。

25　圧倒的な勝利者

〈ローマ八・三一―三九〉

「では、これらのことについて、どのように言えるでしょうか。神が私たちの味方であるなら、だれが私たちに敵対できるでしょう。私たちすべてのために、ご自分の御子さえも惜しむことなく死に渡された神が、どうして、御子とともにすべてのものを、私たちに恵んでくださらないことがあるでしょうか。だれが、神に選ばれた者たちを訴えるのですか。神が義と認めてくださるのです。だれが、私たちを罪ありとするのですか。死んでくださった方、いや、よみがえられた方であるキリスト・イエスが、神の右の座に着き、しかも私たちのために、とりなしていてくださるのです。だれが、私たちをキリストの愛から引き離すのですか。苦難ですか、苦悩ですか、迫害ですか、飢えですか、裸ですか、危険ですか、剣ですか。こう書かれています。

『あなたのために、私たちは休みなく殺され、
屠《ほふ》られる羊と見なされています。』

しかし、これらすべてにおいても、私たちを愛してくださった方によって、私たち

は圧倒的な勝利者です。私はこう確信しています。死も、いのちも、御使いたちも、支配者たちも、今あるものも、後に来るものも、力あるものも、高いところにあるものも、深いところにあるものも、そのほかのどんな被造物も、私たちの主キリスト・イエスにある神の愛から、私たちを引き離すことはできません。」

神の救いの計画の全貌を明らかにしたパウロは、今やイエス・キリストの福音のクライマックスへと上りつめます。修辞的な問いかけを重ねながら力強い結論へと導く語り口は、説教者パウロの面目躍如と言えましょう。

＊　＊　＊

徹頭徹尾、神の主権に基づく人間の救いについて述べたパウロは、**「では、これらのことについて、どのように言えるでしょうか」**と、いよいよキリストの福音が行き着くゴールへと歩を進めます。この問いかけを含めて、全部で七つの問いを読者に投げかけます。全知全能、創造者にして審判者である神は、この世におひとりしかおられません。その**「神が私たちの味方であるなら、だれが私たちに敵対できるでしょう」**。もちろん、だれもできません！

このお方は**「私たちすべてのために、ご自分の御子さえも惜しむことなく**（十字架の）

死に渡された神」です。それほどまでに私たちのことを心にかけてくださる神が「どうして、御子とともにすべてのものを、私たちに恵んでくださらないことがあるでしょうか」。もちろん、ありません！　万事を益としてくださる神は、御子とともに栄光をも相続させてくださるからです。

「だれが、神に選ばれた者たちを訴えるのですか。」だれもできません！　唯一の審判者である「神が義と認めてくださる」からです。

「だれが、私たちを罪ありとするのですか。」だれもできません！　私たちの罪を帳消しにするために十字架で「死んでくださった」キリスト・イエスは「よみがえられた」だけでなく、今や「神の右の座に着き、しかも私たちのために、とりなしていてくださる」からです。

「だれが、私たちをキリストの愛から引き離すのですか。」だれもできません！

「苦難ですか、苦悩ですか、迫害ですか、飢えですか、裸ですか、危険ですか、剣ですか。」そのいずれでもありません！

確かに聖書（詩篇四四・二二）には、「あなたのために、私たちは休みなく殺され、屠られる羊と見なされています」と書かれています。まるで神の子羊（イザヤ五三・七）であるキリストのように、この世のキリスト者もまた、神に献げられたいけにえのような生涯だと言えるかもしれません。「しかし、これらすべて（の苦しみ）においても、私たちを愛してくださった方によって、私たちは圧倒的な勝利者です。」なぜなら、キリストに結ばれた者は、やがてその栄光にもあずかるからです（ローマ八・一七）。

そうして、他の人が何と言おうと「私はこう確信しています」と、パウロは今や自らの福音信仰の確信を高らかに宣言します。「（この世の）死も、いのちも、（天上の）御使いたちも、支配者たちも、（歴史における）今あるものも、後に来るものも、（強さにおいて）力あるものも、（この世界の）高いところにあるものも、深いところにあるものも、（その中に存在する）そのほかのどんな被造物も、私たちの主キリスト・イエスにある神の愛から、私たちを引き離すことはできません」と。

＊　＊　＊

一　パウロの一つ一つの問いかけは、それぞれ私たちに対する神のご性質に関係する問いになっています。神の力、いつくしみ、義、聖、愛です。それらは、旧約聖書が様々に啓示してきた、唯一の神の比類ないご性質です。しかし問題は、これらの性質が何のため、またはだれのために用いられるかということでした。「あなたには、わたし以外に、ほかの神があってはならない」（出エジプト二〇・三）という唯一神信仰では、喜びも悲しみも、すべての原因をこの神に求めざるを得ません。したがって、理由の分からない苦しみに直面した信仰者は、神が自分たちの味方なのか敵なのか分からないという（あのヨブのような）ジレンマと出口の見えない苦悩を抱えねばなりませんでした。しかし今や、その神が「私たちの味方」（どころか父！）であることがハッキリと啓示されました。そのご性質のすべて（力もいつくしみも義も聖も愛も）が、ただ私たちの救いのためであることが明らかにされました。これが、福音による神認識の絶対的変化です。

二　その福音の中心は、言うまでもなく神の愛です。パウロが「キリストの愛」と言い換えてもいるように、正確に言えば「私たちの主キリスト・イエスにある神の愛」ということです。計り知れない神の無償の愛は、計り知れない神の犠牲によって実現したからです。私たちは、ここに聖霊による愛を加えることもできるでしょう。実に、父・子・聖霊なる神には、私たちへの愛が互いに矛盾することなく共有されている、いえ、溢れ出しているからです。私たち人間の不義に対する「神の怒り」（一・一八）から説き起こされたパウロの福音は、深い闇に閉ざされた罪の森を抜け、救いの石段を一歩一歩登るようにして、ついにその頂に達しました。そこに広がる三六〇度の眺望は、壮大なスケールの神の救いのご計画であり、神の愛の光に満ちた世界なのでした。

三　この神の愛の中を、神の愛を呼吸しつつ、生きるのがキリスト者です。神の愛は、ただ天から与えられるだけではありません。私たちの内にも外にも、実に私たちを取り囲むすべてのうちに、日常の小さな出来事一つ一つの中に、神の無限の愛が満ちています。しかし、それは（残念ながら）機械的・自動的に分かるものではありません。愛は、心で感じるものだからです。ここでパウロが「私」の確信を述べたように、神と「神を愛する人たち」（ローマ八・二八）との関係の中でのみ、理解されるものです。かつてはキリスト者を迫害し、ステパノを殺すことに賛成さえしていたサウロは、今や〝キリストが神の右でとりなしておられる〟と、ステパノと同じ信仰（使徒七・五六）へと導かれました。三五節に列挙された苦難を文字どおり経験してきた（Ⅱコリント一一・二三以下参照）にもかかわらず、「私たちは圧倒的な勝利者です」と断言する者となりました。パウロが強くなったのではありません。圧倒的なキリストの愛が、彼を捕らえたからです（Ⅱコリント五・一四）。

26　同胞のための悲しみ

〈ローマ九・一―五〉

「私はキリストにあって真実を語り、偽りを言いません。私の良心も、聖霊によって私に対し証しししていますが、私には大きな悲しみがあり、私の心には絶えず痛みがあります。私は、自分の兄弟たち、肉による自分の同胞のためなら、私自身がキリストから引き離されて、のろわれた者となってもよいとさえ思っています。彼らはイスラエル人です。子とされることも、栄光も、契約も、律法の授与も、礼拝も、約束も彼らのものです。父祖たちも彼らのものです。キリストも、肉によれば彼らから出ました。キリストは万物の上にあり、とこしえにほむべき神です。アーメン。」

ローマの信徒たちに与えられた、キリストの福音の輝きに満ちた調べが高らかに響き渡って閉じられた第二楽章の余韻の中、一転してパウロの重く深い悲しみに満ちた音色から、この手紙の第三楽章は始まります。九章から一一章にわたって扱われる問題は、この手紙のもう一つの大きなテーマである、パウロの同胞イスラエルの救いについてです。「ユダヤ人をはじめギリシア人にも」（一・一六）救いをもたらす福音が、どのように〝ユダヤ人〟に届くのか、神の驚くべき救いの歴史がひも解かれます。

＊　＊　＊

第九章は、前の文章を受ける何の前置詞もなく、いきなり「**私はキリストにあって真実を語り、偽りを言いません**」という、実に重々しいパウロの告白から始まります。しかもそれは決して彼の個人的な感情ではなく、「**キリストにあって**」の真実であり、パウロの心の奥底を知る「**聖霊によって私に対し証しして**」いる思いなのです。

それは「**大きな悲しみ**」であり、パウロの心を絶えず突き刺す「**痛み**」です。それは、一言で言えば、ここまで彼が語ってきたイエス・キリストの福音を信じようとしない「**自分の兄弟たち、肉による自分の同胞**」に対する悲しみであり痛みです。パウロは、自分の同胞の救いのために、彼ら「**のためなら**（＝に代わって）、**私自身がキリストから引き離されて、のろわれた者となってもよいとさえ思って**（＝願って）」いると、それが不可能なことを知りつつもなお願わずにはおれないほどなのです。

パウロの同胞とは、言うまでもなく「**イスラエル人**」のことですが、旧約聖書に明らかなように、「**子とされること**（出エジプト四・二二）も、**栄光**（出エジプト四〇・三四）も、**契約**（創世一七・二）も、**律法の授与**（申命四・一三―一四）も、**礼拝**（申命七・六）も、

約束（申命一・一二）**も彼らのものです。父祖たち**（ミカ七・二〇）**も彼らのものです**」。

つまり、主なる神はその恵みのすべてを彼らのために注ぎ続けてきたということです。

何より「**キリストも、肉によれば彼らから出ました**（マタイ一・一以下）」。しかし、だからといって、キリストが自動的に彼らのものになるわけではありません。パウロがこの手紙の冒頭（一・三―四）に記したとおり、「御子は、肉によればダビデの子孫から生まれ、聖なる霊によれば、死者の中からの復活により、力ある神の子として公に示された方」、すなわち、「**万物の上にあり、とこしえにほむべき神**」だからです。これが、パウロの「**アーメン**」である揺るぎない確信なのです。

＊　＊　＊

一　翻訳上の問題から先に言えば、五節は、キリストを「神」と明言する数少ない新約聖書のテキストの一つです。依然として議論のある箇所ですが、ここに紹介されている翻訳が、最も自然な訳文でしょう。多くの場合、キリストは「神の御子」や「御子」と称されますが、キリストを「神」と述べている箇所はほかにもあります（テトス二・一三、ヨハネ一・一など）。では、パウロがなぜここで「神の子」ではなく「神」と語ったのかといえば、一つには直前でイスラエルもまた神の「子（＝養子）」（四節）と言われたからでしょう。さらに、万物を超えていく圧倒的なキリストの愛の力が述べられた八章の直後では、

「神の子」という称号はキリストをあまりに矮小化するように感じられたからなのかもしれません。実際、そのようにキリストを矮小化して誤解したことに、ユダヤ人の問題はあったからです。

二　それにしても、輝かしい福音の勝利の調べとパウロのこの悲しみとは、いったいどのように調和するのでしょうか。私は、ここにもキリストの福音の特質がよく現れているように思います。わが身に与えられた天にも昇るほどの喜びを味わえば味わうほど、そうではない（とりわけ、自分に身近な）人々に対して心が痛む。つまり、福音の信仰とは、決して自己満足的な信仰へは導かないということです。自分さえ救われればいいとか、信じていない人々に対する軽蔑や優越感は、福音の本質とは異なる発想だからです。むしろ、家族や同胞の救いのためなら、自分が身代わりとなって、のろわれた者となってもよいとさえ思う。これこそが、キリストの犠牲的な愛によって救われた者にふさわしい心と言えましょう。

三　これからしばらく扱われるイスラエル（パウロは意図的にこの名称を用います）の救いの問題は、すでにこの手紙の初めからパウロの念頭にあったと思われます。特に三章あたりまで、パウロがユダヤ人とギリシア人（異邦人）とを並行させながら論じていたことを思い出してください。そうして、異邦人にも信仰によって与えられる神の愛の栄光を語ったパウロは、いよいよユダヤ人の救いの問題に腰を据えて取りかかろうとしているようです。ひょっとすると、パウロは、この問題を扱うために手紙を書いたのではないかと考える人がいるほどです。旧約聖書に記された神の選びは、どうなったのか。神はユダヤ人をお見捨てになったのか、等々。一見、私たちには馴染みのない、どうでもよいような事柄に思われるかもしれません。しかし、考えてみますと、なぜ私たちは二千年も昔のパレスチナの救い主を信じたのでしょうか。なぜ〝異国の宗教〟と揶揄《やゆ》されるものを信じるに至ったのでしょうか。この疑問に答えるには、八章まで論じられた救いの神秘とはまた別の、歴史を導く神の壮大な救いのご計画の神秘を学ぶ必要があります。福音とは何かではなく、なぜ福音に導かれたのかという問題です。

27　神の選び

〈ローマ九・六―一八〉

「しかし、神のことばは無効になったわけではありません。イスラエルから出た者がみな、イスラエルではないからです。アブラハムの子どもたちがみな、アブラハムの子孫だということではありません。むしろ、『イサクにあって、あなたの子孫が起こされる』からです。すなわち、肉の子どもがそのまま神の子どもなのではなく、むしろ、約束の子どもが子孫と認められるのです。約束のみことばはこうです。『わたしは来年の今ごろ来ます。そのとき、サラには男の子が生まれています。』それだけではありません。一人の人、すなわち私たちの父イサクによって身ごもったリベカの場合もそうです。その子どもたちがまだ生まれもせず、善も悪も行わないうちに、選びによる神のご計画が、行いによるのではなく、召してくださる方によって進められるために、『兄が弟に仕える』と彼女に告げられました。『わたしはヤコブを愛し、エサウを憎んだ』と書かれているとおりです。

それでは、どのように言うべきでしょうか。神に不正があるのでしょうか。決してそんなことはありません。神はモーセに言われました。『わたしはあわれもうと思う者をあわれみ、いつくしもうと思う者をいつくしむ。』ですから、これは人の願いや努力によるのではなく、あわれんでくださる神によるのです。聖書はファラオにこう言っています。『このことのために、わたしはあなたを立てておいた。わたしの力をあなたに示すため、そうして、わたしの名を全地に知らしめるためである。』ですから、神は人をみこころのままにあわれみ、またみこころのままに頑なにされるのです。」

この手紙の中でもっぱら「ユダヤ人」という名称を用いてきたパウロは、九章から「イスラエル」という言い方に変わります。大雑把に言って、〝イスラエル〟とは旧約聖書の族長時代からバビロン捕囚に至る神の民の名称であり、〝ユダヤ人〟とは捕囚以後の名称です。もちろん歴史的にはつながっているのですが、パウロはここで、そもそも「イスラエル」とは何なのか、何者であったのかを問い直していくのです。

＊　　＊　　＊

同胞イスラエルの人々に対してパウロが抱いている悲しみや痛みは、決して偽りやひとときの個人的感情によるものではありませんでした。しかし、だからといって「**神のこと**

ばは無効になったわけではありません」と、パウロは自分の思いではなく神のことばに心を切り替えます。そして、冒頭、いきなり問題の核心に迫る命題を述べて、読者の心をも目覚めさせようとするのです。「**イスラエルから出た者がみな、イスラエルではない**」と。この事実を、パウロは神のことばから、その歴史をたどるようにして再検証していきます。

まず、イスラエルの先祖であるアブラハムの物語からです。パウロは先ほどの命題を別の言い方で繰り返します。「**アブラハムの子どもたちがみな、アブラハムの子孫だということではありません**」と。確かにそうです。子どもがいなかったアブラハムとサラ老夫婦に、神は彼らの〝子孫〟が増え広がることを約束しました。思い悩んだ挙句、彼らは女奴隷ハガルを通してイシュマエルをもうけますが、神はあくまでもサラから生まれる子どもが子孫であると約束し、奇跡的にイサクが誕生します。しかし、聖書によれば、サラの死後にアブラハムはケトラをめとり、さらに六人もの子どもが与えられます（創世二五・二）。つまり、アブラハムと血のつながる「子ども」という意味では、全部で八人いるわけです。けれども「**肉の子どもがそのまま神の子どもなのではなく、むしろ、約束の子どもが子孫と認められる**」と言われるように、神が御心を留められる「子孫」は、あくまでも神の約束に基づいて生まれたイサクなのでした。

アブラハム物語の場合は、確かに正妻であるサラから生まれた子どもが子孫となるわけですから、ある意味で納得がいきます。ところが、次のイサクとリベカ夫妻の場合は、事情が異なります。約束を受け継いだイサクと正妻リベカに、双子が宿ったからです。そして、**「その子どもたちがまだ生まれもせず、善も悪も行わないうちに、選びによる神のご計画が、行いによるのではなく、召してくださる方によって進められるため」**、しかも人間の常識を覆す**「兄が弟に仕える」**（創世二五・二三）という神のことばによって、弟として生まれたヤコブが約束を継ぐ子孫となりました。この出来事は、後々まで、イスラエル民族への神の愛と誠実さを表す出来事として**「わたしはヤコブ（＝イスラエル）を愛し、エサウ（＝エドム民族）を憎んだ」**（マラキ一・二―三）と言われるほどでした。

このような神の選びの計画について**「どのように言うべきでしょうか。神に不正があるのでしょうか」**とパウロは問いかけます。もちろん、答えは**「決してそんなことはありません」**です。それは、まさに神がご自身をモーセに現されて、**「わたしはあわれもうと思う者をあわれみ、いつくしもうと思う者をいつくしむ」**（出エジプト三三・一九）と語られたとおりでした。したがって、**「これは人の願いや努力によるのではなく、あわれんでくださる神によるのです」**。

実際、エジプト脱出の物語においても、奴隷であったイスラエルを助けようとされたのは、神があわれまれたからでした。そして、その神の命令を頑なに拒み続けるエジプト王ファラオに、神ご自身がいくつもの災いを送って圧倒的な力を現されたのも、イスラエルをあわれむ**「わたしの名を全地に知らしめるため」**だったと言われます。こうして、**「神**

は人をみこころのままにあわれみ、またみこころのままに頑なにされる」という、驚くべき神の主権が宣言されるのです。

＊　＊　＊

一　まず学びたいことは、パウロの信仰姿勢です。パウロの心の中には、深い悲しみや痛みがありました。パウロは、自分の気持ちを偽ることをしませんが、それにとどまることもしがみつくこともしませんでした。むしろ、何より神のことばに集中しようと、心を切り替えました。大切なのは、すべてを導く、決して〝無効にならない（＝地に落ちない）〟神のことばです。自分の感情を否定する必要はありません。まして、神の御前で悲しむことや嘆くことは、大切な信仰の行為でさえあります。それにもかかわらず、私たちの心が高く引き上げられるのは、最終的には神のことばの力です。自分の思いはひとまず脇に置いて、神のことばに集中しましょう。

二　パウロが九章から一一章にかけて展開する議論では、旧約聖書から次から次へと引用される神のことばが中心を占めています。まさに、神のことばによってイスラエルの歴史が紡がれてきたことを再認識させられます。しかも、パウロが引用するのは、もっぱら神の約束のことば、ご自分の民に対する神のあわれみのことばです。実に、これこそが、旧約時代における〝福音〟にほかなりません。旧約の時代も新約の時代も、神の民は福音によって生きるのです。たとい時代が変わり、私たちが変わろうとも、決して地に落ちることのない神の約束のことば——福音——こそが、神の民が神の民としてあり続けられる根拠です。

三　パウロがここで扱おうとしているのは、「選びによる神のご計画」の神秘です。しかも、その選びは、ただ一方的な神のあわれみによるもので「人の願いや努力」によるのではない、ということを伝えようとしているのです。このような神の選びは、生まれてくる子どもの行いや能力によらず、ましてその子の願いや努力によらず、ただその子をその子として一生涯愛し続けようと決意する親の心に似ています。つまり、神の民とは、神が愛そうと決意なさった人々ということです。たとい優れた才能をもっていても親の愛を受けられなければ、人の心は捻じ曲がっていくことでしょう。しかし、たとい何もできなくとも、ひたすら愛されて生きる人の一生は、幸せに満ちたものとなるのではないでしょうか。それこそが、神の民の幸いなのです。

28　あわれみの器

〈ローマ九・一九―二九〉

「すると、あなたは私にこう言うでしょう。『それではなぜ、神はなおも人を責められるのですか。だれが神の意図に逆らえるのですか。』　人よ。神に言い返すあなたは、いったい何者ですか。造られた者が造った者に『どうして私をこのように造ったのか』と言えるでしょうか。陶器師は同じ土のかたまりから、あるものは尊いことに用いる器に、別のものは普通の器に作る権利を持っていないのでしょうか。それでいて、もし神が、御怒りを示してご自分の力を知らせようと望んでおられたのに、滅ぼされるはずの怒りの器を、豊かな寛容をもって耐え忍ばれたとすれば、どうですか。しかもそれが、栄光のためにあらかじめ備えられたあわれみの器に対して、ご自分の豊かな栄光を知らせるためであったとすれば、どうですか。このあわれみの器として、神は私たちを、ユダヤ人の中からだけでなく、異邦人の中からも召してくださったのです。それは、ホセアの書でも神が言っておられるとおりです。

『わたしは、わたしの民でない者をわたしの民と呼び、愛されない者を愛される者と呼ぶ。
あなたがたはわたしの民ではない、と言われたその場所で、
彼らは生ける神の子らと呼ばれる。』
イザヤはイスラエルについてこう叫んでいます。
『たとえ、イスラエルの子らの数が海の砂のようであっても、
残りの者だけが救われる。
主が、語られたことを完全に、かつ速やかに、地の上で行おうとしておられる。』
また、イザヤがあらかじめ告げたとおりです。
『もしも、万軍の主が、私たちに子孫を残されなかったなら、
私たちもソドムのようになり、ゴモラと同じようになっていたであろう。』」

「イスラエル」とは何者かという問いを、聖書そのものによって再検証し始めたパウロは、族長物語・出エジプト物語に現された神の選びのご計画と神のあわれみを明らかにしました。パウロはさらに、イスラエルの行く末を預言した預言者たちのことばへと進みます。

＊　　＊　　＊

「神は人をみこころのままにあわれみ、またみこころのままに頑なにされる」（一八節）という神のご意志の主権性が語られました。それに対して当然考えられる反論は、「**それではなぜ、神はなおも人を責められるのですか。だれが神の意図に逆らえるのですか**」ということでしょう。しかし、パウロは毅然として答えます。「**人よ。神に言い返すあなたは、いったい何者ですか。造られた者が造った者に『どうして私をこのように造ったのか』と言えるでしょうか**」と。被造物にすぎない私たち人間は、創造者に対して何一つ文句を言う権利などない。この神と人間との絶対的相違を、陶器師と土の器の比喩で語った旧約預言者たち（イザヤ四五・九、六四・八、エレミヤ一八・四―六など）と同様に、パウロは語ります。「**陶器師は同じ土のかたまりから、あるものは尊いことに用いる器に、別のものは普通の**（＝尊くない）**器に作る権利を持っていないのでしょうか。**」もちろん、すべては陶器師の自由です。器は、ただ黙って従う以外にありません。役に立たない器であれば、捨てられても何一つ文句を言うことはできない。

ところが、驚くべきは次のことばです。「**それでいて、もし神が、御怒りを示してご自分の力を知らせようと望んでおられたのに、滅ぼされるはずの怒りの器を、豊かな寛容をもって耐え忍ばれたとすれば、どうですか。**」神の怒りを受けるはずの器を滅ぼすのも神の自由ですが、滅ぼさないのも神の自由です。そして、この神は、怒りを示すことで力を示すのでなく、あわれみと忍耐によってご自分を現されました。そうして、滅ぼすはずのイスラエルをあわれむだけでなく、さらに「**豊かな栄光を知らせるため**」の器を「**あらかじめ備え**」ておられたとしたら、どうでしょう。まさにそれこそが「**あわれみの器として、神は私たちを、ユダヤ人の中からだけでなく、異邦人の中からも召してくださった**」という出来事なのだ、とパウロは断言します。そして、この神のご計画こそは、旧約預言者たちが等しく指さしていた出来事にほかならない、と。

ホセア書（一―二章）は、唯一の神に背いて異教に走ったイスラエルを〝姦淫の女〟に喩《たと》えました。そのような者たちは、本来、石打ちにされこそすれ、神に愛される資格も神の民と呼ばれる資格もないはずです。ところが、「**わたしは、わたしの民でない者をわたしの民と呼び、愛されない者を愛される者と呼ぶ。あなたがたはわたしの民ではない、と言われたその場所で、彼らは生ける神の子らと呼ばれる**」という神のあわれみのことばによって、イスラエルは回復したのでした。そうであれば、文字どおり神の民ではなかった異邦人を、神が「わたしの民」と呼ばれた（＝召された）からといって、なぜ驚くのですか。

また、パウロが初めに「イスラエルから出た者がみな、イスラエルではない」（六節）と語ったとおり、預言者イザヤもまた「**たとえ、イスラエルの子らの数が海の砂のようであっても、残りの者だけが救われる。主が、語られたことを完全に、かつ速やかに、地の上で行おうとしておられる**」（イザヤ一〇・二二―二三）と言っており、「**もしも、万軍の主が、私たちに子孫を残されなかったなら、私たちもソドムのようになり、ゴモラと同じ**

ようになっていたであろう」（イザヤ一・九）と言われるとおりです。まさに滅ぶべき運命にあったイスラエルは、腐敗した異教都市ソドムとゴモラと同様でした。そうであれば、異教世界にいる異邦人が同じく神のあわれみの器として選ばれたからといって、何の不思議があるでしょう。

＊　＊　＊

一　ともすれば神を人間社会の延長くらいにしか考えない人々にとって、陶器師と器の喩《たと》えは衝撃的です。しかし、これこそが聖書が語る創造者なる神と被造物である人間との関係なのです。造られた者は、造った方に何一つ言い逆らうことはできない。この神と人間との絶対的な相違と神の主権を理解することなしに、聖書のすべての教えを理解することは困難でしょう。しかも、この絶対者である神が、怒りを現す正義の神であるだけでなく、愛とあわれみの神でもあるということが何を意味するか。創造者である神が被造物にすぎない人間になられ、しかも人間の罪の償いを自ら十字架上で成し遂げるということが、いかに想像を絶することであるか。いかなるインパクトをこの世界にもたらされたことか。私たちは、すべてをここから考えていく必要があります。

二　土の器を創造なさる神は、それをいかようにも用いることがおできになります。滅ぼすはずであった器を、再び活かして用いることさえなさる。まさに、神は究極の再生アーティストです。そもそも人間が堕落したときに、神は被造世界を一度破壊して、もう一度造り直すことができたはずです。しかし、神は、むしろ壊れた器を再生する道を選ばれました。それが神の救いの物語です。それは、神の民の誕生と滅亡と再生の物語。神の民の絶えざる〝出エジプト〟であり、新しい神の民の創造です。そのような計り知れない神の愛の大きさを見よ、と預言者たちは語りました。偏狭な選民意識やプライドを捨てて、いかなる者をもご自分の民としてくださる神の福音の豊かさに圧倒されよ、と。その実現こそが、キリストの福音にほかなりません。

三　神は初めから尊い器と卑しい器を分けて作られた、とは言われていません。それぞれが等しく神の作品なのですが、その用いられ方が違う。それは、ただ神のご計画によるということです。逆に言えば、どのような器であれ、神はお用いくださるということです。私たちの目には、自分のようにみすぼらしい器など、いったい何の役に立つのかと見えるかもしれません。けれども、そこに神があふれるほどの愛を注いでくださるとしたら、どうでしょうか。愛する御子のいのちを、こんなちっぽけな私の器の中にさえ注いでくださるとしたら、どうでしょうか。ですから、私たちは自分で自分の価値を決めてはいけません。自分は価値のない人間だなどと言うのはやめましょう。造り主である神が捨てなかった器を、どうして私たちが自分で砕くことができましょう。御子のいのちが注がれた〝尊い器〟を、どうして価値がないなどと言えましょうか。

29　律法が目指すもの

〈ローマ九・三〇—一〇・四〉

「それでは、どのように言うべきでしょうか。義を追い求めなかった異邦人が義を、すなわち、信仰による義を得ました。しかし、イスラエルは、義の律法を追い求めていたのに、その律法に到達しませんでした。なぜでしょうか。信仰によってではなく、行いによるかのように追い求めたからです。彼らは、つまずきの石につまずいたのです。

『見よ、わたしはシオンに、つまずきの石、妨げの岩を置く。
この方に信頼する者は失望させられることがない』

と書いてあるとおりです。

兄弟たちよ。私の心の願い、彼らのために神にささげる祈りは、彼らの救いです。私は、彼らが神に対して熱心であることを証ししますが、その熱心は知識に基づくものではありません。彼らは神の義を知らずに、自らの義を立てようとして、神の義に従わなかったのです。律法が目指すものはキリストです。それで、義は信じる者すべてに与えられるのです。」

預言者たちが語った、「怒りの器」さえも「あわれみの器」としてくださる神の大いなる愛は、ユダヤ人だけでなく異邦人さえもご自分の民とするものでした。しかし、なぜイスラエルの人々は、この預言者たちのメッセージを理解できなかった（そして、今もできていない）のでしょうか。その理由をパウロは説明します。

＊　＊　＊

先に語られた神のことばによるイスラエルの歴史から、「**どのように言うべきでしょうか**」。異邦人は、神との正しい関係、すなわち「義」を自分から追い求めたわけでもないにもかかわらず、「**信仰による義を得ました**」。ところが、他方で、「**イスラエルは、義の律法を追い求めていたのに、その律法に到達しませんでした。なぜでしょうか。信仰によってではなく、行いによるかのように追い求めたからです**」。すでに三―四章でパウロが論じたとおりです。

しかし、実は、このこともまた預言どおりであり、「**彼らは、つまずきの石につまずいた**」のだと、パウロはイザヤ書から二つの預言を組み合わせて引用します。すなわち、エルサレム滅亡の危機に際して、「**見よ、わたしはシオンに（一つの石）を置く。この方に**

信頼する者は失望させられることがない」（イザヤ二八・一六）と主は言われましたが、その石は同時にイスラエルの信仰を試す「つまずきの石、妨げの岩」（イザヤ八・一四）でもあり、結局、彼らはその石に「信頼する（信ずる）」ことなく倒れたのでした。こうしてパウロは、救いの石であるキリストが、またもやユダヤ人にとってはつまずきの石となったという出来事に重ねているのです（Ⅰペテロ二・六、八参照）。

しかし、パウロは、彼らが倒れることを決して望んでいたわけではありません。九章冒頭で深い悲しみを打ち明けたように、ここでもパウロは、「兄弟たちよ。私の心の願い、彼らのために神にささげる祈りは、彼らの救いです」と訴えます。かつては、自分自身もその一人であったユダヤ教徒が「神に対して熱心であること」（使徒二二・二〇、ピリピ三・六参照）を証ししつつも、「その熱心は知識に基づくものではありません」と述べるのです。

では、いったい彼らの何が問題だったのでしょうか。どのような知識が欠けていたのでしょうか。パウロによれば、彼らの過ちは、神の約束による選びや陶器師の主権的なあわれみに現された「神の義」をよく理解せず、それに従おうともせず、かえって「自らの義を立てようと」したことでした。こうして彼らは、神の民の指針である「律法」そのものを読み間違ってしまったのだ、と。ここに至って、パウロは「キリスト（メシア）」に言及します。実に「律法（＝旧約聖書）が目指すものはキリスト」なのです。この方によって、神の「義は信じる者すべてに与えられる」。それこそが、神がイスラエルの歴史を通して指し示そうとされたことなのでした。

＊　＊　＊

一　パウロが用いる「義」ということばは、その含蓄を理解するのが難しいことばです。「信仰による義」という場合は〝神との正しい関係〟と理解できますが、「神の義」や「自らの義」の場合には単純に〝正しさ〟という意味です。しかし、問題は、その場合の〝正しさ〟とは何かということなのです。イエスが語られたぶどう園のたとえ話（マタイ二〇・一―一六）は、雇い主が労働者たちに労働時間に関係なく同じ報酬を払うという話でした。この場合、雇い主の行為は正しいと言えるでしょうか。客観的には不公平に見えるかもしれませんが、雇い主自身は何も不当なことはしていません。また、死を前にしたイエスに女性が高価な香油を注いだとき、弟子たちは正義感からそのお金で貧しい人に施すべきだと主張しましたが、イエスはそれを「良いこと」として肯定されました（マタイ二六・六―一三）。聖書が求める〝正しさ〟とは、客観的な正しさよりも人格的関係における正しさであり、それは究極的には相手を愛し、あわれむ心のことです。

二　したがって、「義の律法」と呼ばれる旧約律法は、そのような神の〝正しさ〟、神の心の表明にほかなりません。律法の中心が神と隣人への〝愛〟と言われるのは、そのためです。ところが、かつてのパウロも多くのユダヤ人たちも、神の心に自分を合わせるよりもむしろ、「自らの義」（または自分たちユダヤ民族の正当性）をアピールするために律法を用いた（ピリピ三・九参照）。ここに決定的な誤りがありました。神の愛とあわれみの極致であるキリストが分からないのも当然です。信仰者はあくまでも神の心に自分を合わせる者であって、神を自分の心に合わせる者ではありません。ところが、私たちはみな、自己中心的な者ですから、しばしばこの過ちを犯します。自分の立場を正当化しようとして、聖書や神を引き合いに出そうとする。そのような〝熱心さ〟は、正しい神知識に基づくものではありません。

三　神の律法が「目指すもの」と訳されたことばは、〝終わり〟と訳すこともできます。では、イエス・キリストというゴールに至ったキリスト者にとって、律法はもはや不要であり「終わり」となったのでしょうか。答えはＹｅｓでありＮｏです。神の心を知るに至ったキリスト者は、もはや石に刻まれた律法を必要としません。聖霊によって心に記された律法を生きるようになるからです（ローマ八・四、Ⅱコリント三・三参照）。しかし、未だ足もとのおぼつかない私たちは、絶えず自分の道筋とゴールを確認し続けるために、「私の足のともしび」（詩篇一一九・一〇五）である旧約聖書のみことばにも照らされつつ歩まねばなりません。大切なのは、神の心とゴールを見失わないことです。いかに熱心に聖書を学び、充実した信仰生活を送っていても、自分勝手な道を走っているレースは何の意味もありませんし、自己満足にすぎません。しかし、目指しているゴールさえ正しければ、どんなに遅々とした歩みでも、その道は間違っていません。必ずゴールにたどり着きます！

30　口で告白する

〈ローマ一〇・五―一三〉

「モーセは、律法による義について、

『律法の掟を行う人は、その掟によって生きる』と書いています。

しかし、信仰による義はこう言います。

『あなたは心の中で、「だれが天に上るのか」と言ってはならない。』

それはキリストを引き降ろすことです。また、

『「だれが深みに下るのか」と言ってはならない。』

それはキリストを死者の中から引き上げることです。では、何と言っていますか。

『みことばは、あなたの近くにあり、あなたの口にあり、あなたの心にある。』

これは、私たちが宣べ伝えている信仰のことばのことです。なぜなら、もしあなたの口でイエスを主と告白し、あなたの心で神はイエスを死者の中からよみがえらせたと信じるなら、あなたは救われるからです。人は心に信じて義と認められ、口で告白して救われるのです。聖書はこう言っています。

『この方に信頼する者は、だれも失望させられることがない。』ユダヤ人とギリシア人の区別はありません。同じ主がすべての人の主であり、ご自分を呼び求めるすべての人に豊かに恵みをお与えになるからです。『主の御名を呼び求める者はみな救われる』のです。」

実に、「律法（＝旧約聖書）」が目指すゴールは信じる者すべてに義を与えるキリストなのだ、とパウロは明言しました。ここでは実際に、「律法」がそのように語っていることを、聖書を引用しながら論証してみせます（原文五節の冒頭には「なぜなら」とある）。

＊　＊　＊

聖書には一見、互いに矛盾するように見える教えが混在しています。それらは、それぞれに真理なのですが、その意図（ゴール）を読み取らないと誤解します。たとえば、「**モーセは、律法による義について、『律法の掟（＝それら）を行う人は、その掟（＝それら）によって生きる』と書いています**」（レビ一八・五）。神の民にとって、神が命じられた掟を守って生きることは、ある意味で当然のことです。しかし、注意しなければならないのは、〝行う〟こと自体が目的ではないということです。

モーセは、約束の地を目前にして、神の掟に従って生きれば祝福にあずかり従わなければばのろいを受けること、不従順であり続けるならば約束の地から追放されて外国へ捕らえ移されることを民に伝えました（申命二九章）。ところが、同じモーセは、たとい捕囚の地に連れ去られても、悔い改めて主なる神に立ち返るならば、再び神は顧みてご自分の民として回復してくださるとの約束も語っています（申命三〇・一以下）。掟を行うことも主に立ち返ることも、どちらも律法に記されてあることばです。しかし、どちらがより本質的なことかは明瞭でしょう。神がその民に求めておられるのは、何よりもご自身に対する信頼と愛なのです（申命三〇・六、六・五参照）。

そして、そのように主に信頼して生きること――パウロの言う「信仰による義」――を励ますためにモーセが先の約束に続けて語ったのが、次のことばです。すなわち、主に立ち返って生きることは、難しいことでも何か遠くかけ離れたことでもない。だから「あなたは心の中で、『だれが天に上るのか』と言ってはならない。……『だれが深みに下るのか』と言ってはならない。……みことばは、あなたの近くにあり、あなたの口にあり、あなたの心にある」（申命三〇・一二―一四）と。

これはまさにキリストのことではないか、とパウロは説明しています。なぜなら、キリストは、天におられたにもかかわらず地に降られ、死んで深みに下ったにもかかわらず復活されて、捕囚の苦しみを味わったイスラエルのみならず、今やすべての人々の〝近くにある〟みことばとして現れた方だからです。そのようなみことばが与えられているにもかかわらず、与えられていないかのように言ってはならない、と。

そして、これこそが「**私たちが宣べ伝えている信仰のことば**（＝福音）」にほかならない、とパウロは力説します。なぜなら、申命記で語られたとおり、「**あなたの口で**（天から降られた）**イエスを主と告白し、あなたの心で神はイエスを**（地の深みの）**死者の中からよみがえらせたと信じるなら、あなたは救われる**」と伝えているからです。〝信仰による義〟においては「**人は心に信じて義と認められ、口で告白して救われるのです**」。

パウロは、先に（九・三三で）引用したイザヤ書のことば、「この方に信頼する者は、失望させられることがない（＝恥を見ることがない）」を、一言だけ加えて再び引用します。今や、イスラエルだけでなく、イエスを信ずる者は「**だれも**」恥を見ることがないからです（ローマ一・一六参照）。

こうして、モーセと預言者たちが指し示した聖書全体の目的が明らかになりました。「**ユダヤ人とギリシア人の区別はありません。同じ主がすべての人の主であり、ご自分を呼び求めるすべての人に豊かに恵みをお与えになる**」ということです。イザヤと同じく、新しい神の民は「永遠に恥を見ることがない」と語ったヨエル（二・二六―二七）が、神の霊の注ぎ（二・二八）に続けて預言したとおり、「**主の御名を呼び求める者はみな救われる**」（二・三二）のです。

＊　　＊　　＊

一　パウロは五節と六節で、律法に〝書いてあること〟と、信仰の義が〝言っていること〟を対比させています。これはおそらく、単なることばの言い回し以上の意味があるように思われます。聖書は記録された文書ですから、そのすべてのことばが〝書いてある〟のは当然です。しかし、そのことばは同時に、生きておられる神のことばでもありますから、時空を超えて〝語りかけてくる〟ことばでもあるのです。ここに聖書の神秘があります。聖書を単なる記録や規則集のように〝書いてある〟ことばとして読むだけでは、信仰は生まれません。ところが、それが自分に〝語りかける〟ことばとして聞こえてくるとき、聖書は活ける神のことばとして立ち上がってくる。それは、「文字は殺し、御霊は生かす」（Ⅱコリント三・六）と言われる聖霊の御業です。

二　それゆえ、聖書は様々な時代背景の中で様々な著者たちによって記された書物ですが、究極的にはひとりの神が人の救いのために語りかけておられることばです。聖書が、キリスト・イエスに対する信仰による救いを受けさせるために、ひとりの〝神の霊感（＝息吹）〟によって生み出された書物だと言われる（Ⅱテモテ三・一五―一六）のは、そのためです。ちょうど親の口から子どもに語られることばは――厳しいことばであれ、優しいことばであれ――子どもの幸せを願うことばであるように、聖書の諸々のことばもまた神の子どもたちの救いと幸いのためのことばです。だからこそ、聖書のゴールは、キリストなのです。

三　このような神からの語りかけに、私たちもまた応答することを神は求めておられます。「人は心に信じて義と認められ、口で告白して救われる」（一〇節）からです。「口で告白する」とは、この場合、洗礼を受ける時の信仰告白を指していると思われます。時折、「心で信じるだけではだめですか」と聞かれることがあります。〝だめ〟というわけではありません。しかし、自分の心を相手に伝えて初めて、共に生きることができるのではないでしょうか。私たちを命がけで救うほどに愛してやまない神は、人前で言えないような恥ずかしい神ではありません。「この方に信頼する者は、恥を見ることがない」とあるとおりです。この方を言い表して、この方とともに、公明正大に生きることこそ幸いな道ではないでしょうか。

31　福音の宣教

〈ローマ一〇・一四―二一〉

「しかし、信じたことのない方を、どのようにして呼び求めるのでしょうか。聞いたことのない方を、どのようにして信じるのでしょうか。宣べ伝える人がいなければ、どのようにして聞くのでしょうか。遣わされることがなければ、どのようにして宣べ伝えるのでしょうか。

『なんと美しいことか、良い知らせを伝える人たちの足は』と書いてあるようにです。しかし、すべての人が福音に従ったのではありません。『主よ。私たちが聞いたことを、だれが信じたか』とイザヤは言っています。ですから、信仰は聞くことから始まります。聞くことは、キリストについてのことばを通して実現するのです。

では、私は尋ねます。彼らは聞かなかったのでしょうか。いいえ、むしろ、『その響きは全地に、そのことばは、世界の果てまで届いた』のです。

では、私は尋ねます。イスラエルは知らなかったのでしょうか。まず、モーセがこう言っています。
『わたしは、民でない者たちであなたがたのねたみを引き起こし、
愚かな国民であなたがたの怒りを燃えさせる。』
また、イザヤは大胆にもこう言っています。
『わたしを探さなかった者たちにわたしは見出され、
わたしを尋ねなかった者たちに自分を現した。』
そして、イスラエルのことをこう言っています。
『わたしは終日、手を差し伸べた。不従順で反抗する民に対して。』」

ユダヤ人であれギリシア人であれ、〝主の御名を呼び求める者〟は皆救われることを旧約聖書は指し示している、とパウロは論じました（一〇・一三）。そして、これこそが、パウロが手紙の初め（一・一六）から語ってきた〝福音〟なのでした。旧約聖書に基づくパウロの議論は続きます。今度は、その福音の宣教についてです。

＊　　＊　　＊

〝主の御名を呼び求める者〟はだれでも救われるとはいえ、特に異邦人にとって「信じたことのない方を、どのようにして呼び求めるのでしょうか。聞いたことのない方を、ど

のようにして信じるのでしょうか。宣べ伝える人がいなければ、どのようにして聞くのでしょうか。遣わされることがなければ、どのようにして宣べ伝えるのでしょうか」と、パウロはたたみかけるように問いかけます。この問いかけは、事実、〝宣べ伝えるために遣わされた〟人々がいることを強調するためです。そして、この人々こそが、イエス・キリストによって福音のために選ばれて派遣された〝使徒〟たちなのであり、パウロは自分がその一人であると自認していました（ローマ一・一）。

パウロは、その働きのすばらしさと光栄を思いつつ、「なんと美しいことか、良い知らせを伝える人たちの足は」というイザヤ書（五二・七）のことばを引用します。このことばは、神の民の回復と主が王となられたとの喜びの告知の預言ですが、おそらくパウロは、続く〝苦難のしもべ〟の歌（五二・一三―五三・一二）をも念頭に置いていたに違いありません。なぜなら、その歌の冒頭のことば、「主よ。私たちが聞いたことを、だれが信じたか」（五三・一）が、「すべての人が福音に従った」わけではないことの預言として引用されるからです。

つまり、パウロはここで、自分もまた経験してきた福音宣教の大きな喜びと不信仰の現実、それはまさにキリストの栄光と苦難という福音そのものに根ざしていることを、預言のことばを通して明らかにしているのでしょう。いずれにせよ、信仰も不信仰も、使徒たちによって宣べ伝えられた福音を「聞くことから始まり」、その中心は「キリストについ

てのことば」です。しかし、「すべての人」が信じなかったのは、福音を「**聞かなかった**」からではありません。むしろ、天が神の栄光を物語っているように、輝きに満ちた福音の「**響きは全地に、そのことばは、世界の果てまで**」（詩篇一九・四）届いている、とパウロが断言するとおりです（コロサイ一・二三参照）。

では、真先に神のことばが与えられるはずの「**イスラエルは知らなかったのでしょうか**」。パウロは、再び旧約聖書から引用します。まずモーセのことばです。天地に語りかけ雨のように降り注ぐ（申命三二・一―二）ことばを知らなかったとは言わせません。それにもかかわらず主を裏切るイスラエルに「**わたしは、民でない者たちであなたがたのねたみを引き起こし、愚かな国民であなたがたの怒りを燃えさせる**」（申命三二・二一）と警告されていたとおり、今や異邦人たちがそのことばを信じて救いに入っているのです。

イザヤもまた、来るべき救いの幻を描きつつ、今や背信のイスラエルのみならず、「**わたしを探さなかった者たちにわたしは見出され、わたしを尋ねなかった者たちに自分を現した**」（イザヤ六五・一。ローマ九・三〇参照）と大胆に語っています。では、イスラエルは、もはや顧みられなくなったのでしょうか。決してそうではありません。イザヤが続けて、「**わたしは終日、手を差し伸べた。不従順で反抗する民に対して**」（イザヤ六五・二）と語っているとおりです。

―「なんと美しいことか、良い知らせを伝える人たちの足は」とイザヤは叫びました。この「伝える（ユーアンゲリゾー）」の名詞形が「福音（ユーアンゲリオン）」です。すべての人を救う「福音」は、すべての人に伝えられてこそ意味があります。キリスト教は本質的に〝伝えられる〟宗教なのです。それは「福音」ですから、決して強要したり無理やり信じさせたりしてはなりません。それでも、伝える。ひたすら〝喜び〟を伝えるのです。すべての人を愛してやまない方が、この世界の王となられた。その方が私の人生を変えてくださったように、あなたの人生もきっと喜びへと変えられる、と。多くの困難があることでしょう。しかし、福音宣教の働きは、そしてそのために今日も町々や野山を歩き続けている宣教者たちの足は、たといホコリにまみれ、傷ついていたとしても、どこまでも〝美しい〟のです。喜びを運ぶ足だからです。

＊　＊　＊

二　信仰は「聞くこと」から始まります。聞いたことのない方を信じることはできません。しかし、この場合の「聞くこと」とは、受けとめたメッセージのことで、必ずしも耳からとは限りません。場合によっては〝読むこと〟もあったことでしょう。また、「キリストについてのことば」は、原文では「キリストのことば」です。耳からにせよ、目からにせよ、伝えられたことばに「キリストのことば」を心で聴くという意味に取ることもできます。聖書にも礼拝のメッセージにも様々なことばがありますが、最終的にその人が「キリストのことば」として、すなわちイエスの愛のことば、救いへの招きとして聴き取ることから、信仰は生まれます（Ⅰテサロニケ二・一三参照）。

三　しかし、残念ながら、すべての人が福音を信じて従うわけではありません。そのことは、初めから預言されていました。それにもかかわらず、主が「世界の果てまで」伝え続けるようにとお命じになるがゆえに（マタイ二八・一九、使徒一・八参照）、伝える。それが宣教の働きです。神は、本気で人を救おうとしておられるからです。そもそも、いい加減な思いで、ご自分のひとり子を犠牲にするなどできましょうか。「不従順で反抗する民」に対してさえ、「終日、手を差し伸べた」お方です。まして右も左も分からない人々に、主は今日も御手を伸ばし続けておられます。その神の忍耐、神の誠実さ、神の愛こそが、福音宣教の根拠です。

32　恵みの選び

〈ローマ一一・一―一〇〉

「それでは尋ねますが、神はご自分の民を退けられたのでしょうか。決してそんなことはありません。この私もイスラエル人で、アブラハムの子孫、ベニヤミン族の出身です。神は、前から知っていたご自分の民を退けられたのではありません。それとも、聖書がエリヤの箇所で言っていることを、あなたがたは知らないのですか。エリヤはイスラエルを神に訴えています。

『主よ。彼らはあなたの預言者たちを殺し、あなたの祭壇を壊しました。ただ私だけが残りましたが、彼らは私のいのちを狙っています。』

しかし、神が彼に告げられたことは何だったでしょうか。

『わたしは、わたし自身のために、男子七千人を残している。これらの者は、バアルに膝をかがめなかった者たちである。』

ですから、同じように今この時にも、恵みの選びによって残された者たちがいます。恵みによるのであれば、もはや行いによるのではありません。そうでなければ、恵みが恵みでなくなります。

　では、どうなのでしょうか。イスラエルは追い求めていたものを手に入れず、選ばれた者たちが手に入れました。ほかの者たちは頑なにされたのです。

『神は今日に至るまで、彼らに鈍い心と見ない目と聞かない耳を与えられた』

と書いてあるとおりです。ダビデもこう言っています。

『彼らの食卓が、彼らにとって
罠となり、落とし穴となり、
つまずきとなり、報いとなりますように。

彼らの目が暗くなり、見えなくなりますように。

その腰をいつも曲げておいてください。』」

　使徒たちによる宣教の働きを通して今や全地に響き渡っている福音を、イスラエルは知っていたにもかかわらず、聞き従わなかった。それでも神は、救いの御手を差し伸べ続けておられたことを、パウロは明らかにしました。このイスラエルに対する神のご計画とは、はたして何なのでしょう。パウロは、いよいよ問題の核心に迫っていきます。

＊　　＊　　＊

「それでは尋ねますが、神はご自分の民を退けられたのでしょうか。」これほどまでに神に忍耐を強いてきたイスラエルを、たとい神が退けられたとしても、だれも文句を言うことはできないでしょう。ところが**「決してそんなことはありません」**とパウロは断言します。その最も確実な根拠は自分自身だ、と。**「この私もイスラエル人で、アブラハムの子孫、ベニヤミン族の出身です」**(ピリピ三・四―五参照)。正真正銘のイスラエル人であるパウロが救われた以上、**「神は、前から知っていた**(＝御心に留めていた、愛しておられた)**ご自分の民を退けられたのではありません」**。少なくとも民全体が退けられたのではない。それは、**「聖書がエリヤの箇所で言っていること」**に明らかだ、とパウロは説明します。

エリヤは、堕落したイスラエルが信奉したバアルというカナンの神に仕えた者たちと戦った孤高の預言者です。彼らとの戦いに勝利を収めたエリヤは、しかし、自分の命が狙われていることを知らされると、恐怖のあまり死を願って神に訴えました。「**主よ。彼らはあなたの預言者たちを殺し、あなたの祭壇を壊しました。ただ私だけが残りましたが、彼らは私のいのちを狙っています**」(I列王一九・一四)と。まるで、同胞から迫害されているパウロのようです。エリヤへの神の答えは驚くべきものでした。「**わたしは、わたし自身のために、男子七千人を残している。これらの者は、バアルに膝をかがめなかった者たちである**」(同一九・一八)。この場合の「七千人」とは完全数で、御心にかなった人々が十分にいるということでしょう。

この出来事を踏まえて、パウロは言います。「ですから、同じように今この時にも、恵みの選びによって残された者（すなわち、イスラエル人）たちがいます」と。しかも、「恵みによるのであれば、もはや行いによるのではありません」。彼らは律法の行いに忠実だから残されているのではないのです。「そうでなければ、恵みが恵みでなくなります。」

ちょうどバアルにより頼んだときのように、イスラエルは、自分たちの勝手に自分たちの力で「追い求めていたもの」は手に入れることができませんでした。しかし、神の恵みによって「選ばれた者たちが（救いを）手に入れました」。他の者たちはといえば、その心が「頑なにされた」のです。このこともまた、不思議な神の業として繰り返し語られてきたことです。「神は今日に至るまで、彼らに鈍い心（＝眠った霊）と見ない目と聞かない耳を与えられた」（申命二九・四、イザヤ六・一〇、二九・一〇等）と。見ても見えない。聞いても聞こえない。心が鈍い（霊が眠っている）からです。

パウロはさらに、詩篇からも引用します。「彼らの食卓が、彼らにとって罠となり、落とし穴となり、つまずきとなり、報いとなりますように。彼らの目が暗くなり、見えなくなりますように。その腰をいつも曲げておいてください」（詩篇六九・二二―二三）と。この詩篇六九篇は、イエスの神殿清め（九節／ヨハネ二・一七）や十字架上での苦しみ（二一節／マルコ一五・二三、三六）の預言としても知られています。ちょうど、ダビデの苦しみを嘲笑いつつ食卓で謀略を巡らした人々のように、メシアの苦悩や屈辱にも気づかずに、自分たちの利得（食卓）ばかりを追い求めたイスラエルの姿を重ねているのかもしれません。

しかし、同じ詩篇は最後に、主のしもべたちの子孫が回復された約束の地を受け継ぐと歌い上げて終わっているのです（三六節）。それこそが、まさに〝残された者たち〟であるかのように。

＊　＊　＊

——九章冒頭で、同胞イスラエルに対する深い悲しみを告白したパウロは、同時に「イスラエルから出た者がみな、イスラエルではない」（九・六）との原理を語りました。その後、神の民は異邦人をも含むという壮大な神の計画、また、それは福音の宣教に基づくことなどを、パウロは旧約聖書から論証してきたのでした。一一章は、再び最初の問いに戻って、ではイスラエルの民自身はどうなのかを問うています。イスラエル民族は、もはや用済みなのか、丸ごと捨てられたのか、と。それに対して〝肉のイスラエルがそのまま真のイスラエルなのではない〟という当初の原理に戻って、イスラエルの中でも、神の恵みの選びによって〝残された者たち〟がいつの時代にもいるというのが、ここでのパウロの議論です。

二　パウロは、イスラエルが捨てられていない証拠として、自分自身の存在を上げています。同様に、すべてのキリスト者は、自分がキリストを信じる者として存在しているという事実の重みをもっと大切にすべきだと思います。時折「日本は宣教が難しい、宣教師の墓場だ」などと言われることがありますが、こうした考えに私はいつも違和感を覚えます。なぜなら、この国で生まれ育った少なくとも私という人間が、キリスト教信仰へと導かれたからです。しかも、それは人の業によるのではない、私のような罪人をあわれんでくださった神の恵みの業だと信じるからです。私だけではない、そのようにキリストに導かれた人々が（七千人どころではなく何万人も！）存在しているではありませんか。どうしてこの国が神に見捨てられたと言えるでしょう。

三　それは、実に不思議な神の恵みの選びによる御業ですから、私たちは決して自分を誇ってはなりません。しかしまた、自分や教会の現実に絶望する必要もありません。すべては神のご計画と御業によるからです。ある人々の心は福音に対して柔らかくされ、ある人々は「頑な」にされています。いえ、自分自身の人生の中でさえ、福音に心開かれている時もあれば、心を硬く閉ざしてしまう時もあるのではないでしょうか。目があっても神の恵みを見て取れない、福音を聞いても心に入ってこない時があるのではないでしょうか。これもまた神のご計画です。なぜなのかは分かりません。しかし、心が頑なにされることと、見捨てられることとは異なります。主はご自分の民とされた者たちを決してお見捨てにはなりません（Iサムエル一二・二二）。神の救いは恵みであって、行いによるのではないからです。

33　神のいつくしみと厳しさ

〈ローマ一一・一一―二四〉

「それでは尋ねますが、彼らがつまずいたのは倒れるためでしょうか。決してそんなことはありません。かえって、彼らの背きによって、救いが異邦人に及び、イスラエルにねたみを起こさせました。彼らの背きが世界の富となり、彼らの失敗が異邦人の富となるのなら、彼らがみな救われることは、どんなにすばらしいものをもたらすことでしょう。そこで、異邦人であるあなたがたに言いますが、私は異邦人への使徒ですから、自分の務めを重く受けとめています。私は何とかして自分の同胞にねたみを起こさせて、彼らのうち何人かでも救いたいのです。もし彼らの捨てられることが世界の和解となるなら、彼らが受け入れられることは、死者の中からのいのちでなくて何でしょうか。

麦の初穂が聖なるものであれば、こねた粉もそうなのです。根が聖なるものであれば、枝もそうなのです。枝の中のいくつかが折られ、野生のオリーブであるあなたがその枝の間に接ぎ木され、そのオリーブの根から豊かな養分をともに受けているのなら、あなたはその枝に対して誇ってはいけません。たとえ誇るとしても、あなたが根を支えているのではなく、根があなたを支えているのです。すると、あなたは『枝が折られたのは、私が接ぎ木されるためだった』と言うでしょう。そのとおりです。彼らは不信仰によって折られましたが、あなたは信仰によって立っています。思い上がることなく、むしろ恐れなさい。もし神が本来の枝を惜しまなかったとすれば、あなたをも惜しまれないでしょう。

ですから見なさい、神のいつくしみと厳しさを。倒れた者の上にあるのは厳しさですが、あなたの上にあるのは神のいつくしみです。ただし、あなたがそのいつくしみの中にとどまっていればであって、そうでなければ、あなたも切り取られます。あの人たちも、もし不信仰の中に居続けないなら、接ぎ木されます。神は、彼らを再び接ぎ木することがおできになるのです。あなたが、本来野生であるオリーブから切り取られ、元の性質に反して、栽培されたオリーブに接ぎ木されたのであれば、本来栽培された枝であった彼らは、もっとたやすく自分の元のオリーブに接ぎ木されるはずです。」

肉によるイスラエルが皆イスラエルなのではない（九・六）と語ったパウロは、恵みの選びによって残された者（一一・五）と、頑なになってつまずいた者がいつの時代にもいたこと、そして現にいることを明らかにしました。この神のご計画の目的は、どこにあるのでしょうか。

＊　＊　＊

「それでは尋ねますが、彼らがつまずいたのは倒れるためでしょうか。決してそんなことはありません。」倒れること自体が目的ではないと、それによってもたらされた結果からパウロは神のご計画を類推します。「かえって、彼らの背きによって、救いが異邦人に及び、イスラエルにねたみを起こさせました。」こうして「彼らの背きが世界の富となり、彼らの失敗が異邦人の富となるのなら、彼らがみな救われること（＝彼らの充満／完成）は、どんなにすばらしいものをもたらすことでしょう」と。

パウロは、このようなご計画の中に自分の働きを位置づけて、（ローマ教会のおそらくは大半を占める）異邦人信徒たちに語りかけます。「私は異邦人への使徒（使徒九・一五、ローマ一・五）ですから、自分の務めを重く受けとめています。」その確信はいささかも揺るぐことはありません。しかし他方で、この異邦人への働きを通して「何とかして自分の同胞にねたみを起こさせて、彼らのうち何人かでも救いたい」。これもまたパウロの正直な願いです（九・三、一〇・一）。そして、イスラエルの定めを、まるで主イエスの十字架と復活になぞるようにして「もし彼らの捨てられることが世界の和解となるなら、彼らが受け入れられることは、死者の中からのいのちでなくて何でしょうか」とさえ語ります。
パウロは、このようなイスラエルと異邦人キリスト者との関係を二つの比喩で表します。一つは「麦の初穂」と「こねた粉」の関係（民数一五・二〇―二一等）、もう一つはオリーブの「根」と「枝」の関係です。いずれも前者が「聖なるもの」すなわち神に聖別されたものであるならば、後者もまたそうなるということです。パウロは、特にオリーブの喩《たと》えを用いて続けます。「枝の中のいくつかが折られ、野生のオリーブであるあなたがその枝の間に接ぎ木され、そのオリーブの根から豊かな養分をともに受けているのなら、あなたはその枝に対して誇ってはいけません。」パウロの接木法が正しいかどうかは問題ではありません。神の畑で栽培されてきたオリーブであるイスラエルと、本来そこにはいなかったにもかかわらず、今やその恩恵にあずかっている「野生の」異邦人とを対比しているのです。

この比喩の大切な点は「あなたが根を支えているのではなく、根があなたを支えている」という秩序です。もちろん「枝が折られたのは、私が接ぎ木されるためだった」と言うこともできるでしょう。実際、「彼らは不信仰によって折られましたが、あなたは信仰によって立って」いるからです。しかし、パウロが異邦人キリスト者に伝えたいことは、「思い上がることなく、むしろ恐れなさい」ということです。なぜなら、「もし神が本来の枝を惜しまなかったとすれば、あなたをも惜しまれないでしょう」から。

それゆえ、私たちが霊の眼でしっかりと見つめなければならないことは、「神のいつくしみと厳しさ」です。「倒れた者の上にあるのは厳しさですが、あなたの上にあるのは神のいつくしみです。ただし、あなたがそのいつくしみの中にとどまっていればであって、そうでなければ、あなたも切り取られます。」他方、今は折られているイスラエル人も「もし不信仰の中に居続けないなら、接ぎ木されます。神は、彼らを再び接ぎ木することがおできになるのです。あなたが、本来野生であるオリーブから切り取られ、元の性質に反して、栽培されたオリーブに接ぎ木されたのであれば、本来栽培された枝であった彼らは、もっとたやすく自分の元のオリーブに接ぎ木されるはず」との希望を、パウロはもち続けます。

＊　＊　＊

一　福音がまず〝イスラエルの家の失われた羊たち〟に伝えられることは、イエスの使命でした（マタイ一五・二四）。異邦人はそのおこぼれにあずかる。これが神の計画の順序です。キリスト者とは、本来、ナザレのイエスをメシアと信じるユダヤ人のことでした。実際、民族を超えて広がり始めても、キリスト者はあくまでも彼らに「接ぎ木」された存在であって、別の宗教を生み出したわけではありません。つまり、キリスト教に合う民族など、もともと、ユダヤ人を除いてはどこにもいないということです。合うか合わないかではなく、この神のいつくしみにより頼むかどうか。イエスをキリストであると信じるかどうか。その信仰によってのみ、私たちはつながれているのです。

二　パウロは、ユダヤ人であれ異邦人であれ、〝折られる（切り取られる）こと〟と〝接ぎ木されること〟について語っています。とりわけ異邦人である私たちは、生まれ育った木から切り取られて、新しい木に接がれるのです。まずは古い自分の生き方や価値観から〝切り取られる〟必要があります。そして、全く未知のものであった聖書の教えや生活に〝接ぎ木されて〟生きる。これは、ただ神のいつくしみのなせる業です。私たちに不思議にももたらされた救いを、イスラエルがねたむほどに喜んで生きること。やがては彼らも救われることを願いつつ、世界大の神の救いの幻を祈り求めて歩むこと。これが、私たち異邦人キリスト者に与えられた特権であり使命です。

三　神のいつくしみを信じる信仰を脅かす最大の危険は、高慢です。パウロは、第二章でユダヤ人の高慢を戒めたように、今度は異邦人キリスト者たちがいささかでもイスラエル（ユダヤ）人を見下すような思いにとらわれないようにと注意深く警告します。「神のいつくしみと厳しさ」の前に、すべての信仰者は謙遜に歩むべきだ、と。民族間の優劣は言うまでもなく、年齢の上下や男女の区別、古くからの教会員と新しく加わった教会員との区別など、私たちが誇れるものなど何もありません。皆が神のいつくしみにとどまり続けるために、大いなる喜びと畏れをもって、謙遜に信仰生活を送りましょう。

34 すべての人へのあわれみ

〈ローマ一一・二五―三二〉

「兄弟たち。あなたがたが自分を知恵のある者と考えないようにするために、この奥義を知らずにいてほしくはありません。イスラエル人の一部が頑なになったのは異邦人の満ちる時が来るまでであり、こうして、イスラエルはみな救われるのです。

『救い出す者がシオンから現れ、ヤコブから不敬虔を除き去る。
これこそ、彼らと結ぶわたしの契約、
すなわち、わたしが彼らの罪を取り除く時である』

と書いてあるとおりです。

彼らは、福音に関して言えば、あなたがたのゆえに、神に敵対している者ですが、選びに関して言えば、父祖たちのゆえに、神に愛されている者です。神の賜物と召命は、取り消されることがないからです。あなたがたは、かつては神に不従順でしたが、今は彼らの不従順のゆえに、あわれみを受けています。それと同じように、彼らも今は、あなたがたの受けたあわれみのゆえに不従順になっていますが、それは、彼ら自身も今あわれみを受けるためです。神は、すべての人を不従順のうちに閉じ込めましたが、それはすべての人をあわれむためだったのです。」

九章から延々と論じられてきたイスラエルの救いの問題の、いよいよ結論部分です。解釈が分かれる難しい箇所ですが、これまでのパウロの議論を思い起こしながら、何を伝えようとしているのか丁寧に読み解いていきましょう。

＊　＊　＊

オリーブの木と枝の喩《たと》えを用いてイスラエルと異邦人の救いについて論じたパウロは、改めて「**兄弟たち**」と異邦人キリスト者たちに親しく呼びかけて、今度は喩えによらずに伝えようとします。「**あなたがたが自分を知恵のある者と考えないようにするために、この奥義を知らずにいてほしくはありません**」と。人間の知恵で判断しようとせずに、神の知恵である「奥義」すなわち〝神のご計画〟に心を留めるようにと促します。

そのご計画とは、イスラエルと異邦人に対するものです。すなわち「**イスラエル人の一部が**（または一時的に）**頑なになったのは**」異邦人に救いが及ぶという神のご計画が「**満ちる時**（＝充満）」までであること。そうであれば、イスラエルに対するご計画が完成する時、すなわち救いへと選ばれた「**イスラエルはみな救われる**」時も来るのです。救われるイスラエルとは、「不信仰」（二三節）が除かれた者のことです。

このことをパウロは、もはや自分の類推ではなく、再び神のことばに基づいて確証しようとします。「**救い出す者がシオンから現れ、ヤコブから不敬虔を除き去る。これこそ、彼らと結ぶわたしの契約**（イザヤ五九・二〇―二一）、**すなわち、わたしが彼らの罪を取り除く時である**（エレミヤ三一・三一、三四）」と。特にイザヤ書五九章からの引用は、ヘブル語聖書（「ヤコブの中の、背きから立ち返る者のところに」）ではなく、七十人訳（ギリシア語）聖書からの引用によって、今やキリストが現れてイスラエルから不信仰を除き去るという、神の主権的な救いの実現が強調されています。

つまり、イスラエルは、確かにキリストの福音への応答ということでは、「**あなたがたのゆえに、神に敵対している者**」となっていますが、そもそもの神の「**選びに関して言えば、父祖たち**（に対する約束）**のゆえに、神に愛されている者です。神の賜物と召命は、取り消されることがないからです**」。したがって、背信のイスラエルに対する神の救いの約束もまた取り消されることはありません。

ちょうど異邦人キリスト者が「**かつては神に不従順でしたが、今は彼ら**（イスラエル）**の不従順のゆえに、あわれみを受けて**」いるように、不従順になっている「**彼ら自身も今あわれみを受けるため**」なのです。要するに、ユダヤ人であれ異邦人であれ、「**神は、すべての人を不従順のうちに閉じ込めましたが、それはすべての人をあわれむためだった**」。

これがパウロの結論であり、これこそが神のご計画、すなわち神の「奥義」です。

＊　＊　＊

一

「奥義（ミステリー）」とは、本来、人間にはあずかり知れない神的な秘密のことです。しかし、その神の奥義が、今やキリストの福音を通して（聖霊によって）私たちに現されたというのがパウロの確信でした（ローマ一六・二五、Ｉコリント二・一、四・一等）。そもそも創造者である神の御心が人間に啓示されること自体、驚くべきことです。そのような神の口から出たことばが、空しく終わるはずがありません（イザヤ五五・一一）。九章からの議論でパウロが繰り返し聖書から引用してきたように、神のことばは決して無効にならず（ローマ九・六）、しかも天や地の果てに探しに行く必要もないほど明確です（ローマ一〇・六―八）。ですから、ここでの「奥義」もまた、パウロだけが知っている秘密のことではなく、今や福音を通して明らかにされた神のご計画のことです。

二

「イスラエルはみな救われる」ということについて、イスラエル民族が一人残らず救われるという解釈があります。しかし、そのような教えは、パウロ自身、他のどこにも語っておらず、まして他の聖書にはどこにも教えられていません。そもそも、もしパウロがそのことを知っていたなら、大きな悲しみ（ローマ九・二）を抱く必要もなかったことでしょう。これまでのパウロの議論に照らして最も自然な理解は、イスラエルの中で神に選ばれた人々がみなイエス・キリストを信じるに至る、ということです。驚くべきことは、何人が救われるかということではなく、今もなお不従順であるイスラエルがなぜそれにもかかわらず信仰に導かれるのかという根拠です。彼らは二千年も昔の「父祖たちのゆえに、神に愛されている者」であり、「神の賜物と召命は、取り消されることがない」から。それが理由なのです。いったいどれほど義理堅い神なのだろうかと思わずにおれません。この神の誠実さは、私たち新約に生きる者にもあてはまります。父祖たちへの約束どころではない、御子キリストに結ばれた私たちと神との関係は、私たちがいかなる状況に陥ろうとも永遠に取り消されることがないのです！

三　イスラエルであれ異邦人であれ、真の神に対する不従順の中で罪の悲惨や苦しみというさばきを経験して初めて、神のあわれみを知る。それは、落ちるところまで落ちて、人間としてボロボロの状態になって初めて、父のあわれみを知るに至った放蕩息子の物語（ルカ一五・一一―二四）に似ています。人間はどれほど自尊心が強く、愚かなのかと思います。不従順の反対語は、本来、従順でしょう。しかし、私たちが従順になって神のあわれみが示されるのではなく、「私たちがまだ罪人であったとき、キリストが私たちのために死なれたことによって、神は私たちに対するご自分の愛を明らかにして」くださった（ローマ五・八）。そして、不従順となったイスラエルに対しても、すでに「今」あわれみは示され続けている。これが神のご計画です。

35　神の知恵と知識の富

〈ローマ一一・三三―三六〉

「ああ、神の知恵と知識の富は、なんと深いことでしょう。神のさばきはなんと知り尽くしがたく、神の道はなんと極めがたいことでしょう。

『だれが主の心を知っているのですか。だれが主の助言者になったのですか。

だれがまず主に与え、主から報いを受けるのですか。』

すべてのものが神から発し、神によって成り、神に至るのです。この神に、栄光がとこしえにありますように。アーメン。」

「神は、すべての人を不従順のうちに閉じ込めましたが、それはすべての人をあわれむためだったのです」（三二節）。この神の〝奥義〟を語ったパウロは、神をたたえずにおれません。そして、この賛美は同時に、一章から語られてきたイエス・キリストの福音をめぐるすべての議論の締めくくりのことばでもあります。

「（ああ）すべて他人をさばく者よ、あなたには弁解の余地はありません」（二・一）「（ああ）人よ。神に言い返すあなたは、いったい何者ですか」（九・二〇）と、人間の罪深さを繰り返し嘆いてきたパウロは、ついに神のあわれみという奥義に対する感嘆の声を上げます。「**ああ、神の知恵と知識の富は、なんと深いことでしょう。神のさばき**（複数）**はなんと知り尽くしがたく、神の道**（複数）**はなんと極めがたいことでしょう。**」

＊　　　＊　　　＊

造られた人間には、造ってくださった創造者の知恵・知識の豊かさを把握することも、諸々のさばき（御心）を理解することも、諸々の道（御業）を極めることもできません。この信仰告白は、およそ聖書の神に対する告白としてヘブル語聖書であれ（ヨブ五・九、九・一〇、詩篇九二・五等）、ギリシア語訳聖書であれ（外典・知恵の書一七・一等）、告白されてきた真理です。しかし、ここでパウロが驚嘆する神の知恵と知識の富とは、そのような一般的な真理のことではなく、何よりも主イエス・キリストに現された神の救いの豊かさのことです（エペソ三・八、一〇、一八―一九参照）。

パウロは最後に、これまでの議論で繰り返し言及してきた旧約聖書から二つのことばをここでも引用して、この神の特質を強調します。

「**だれが主の心を知っているのですか。だれが主の助言者になったのですか。**」これは、バビロン捕囚からのイスラエル解放を告げる預言者のことばです（イザヤ四〇・一三―一四）。歴史を支配する主の、主権的かつ驚くべき救いのご計画の告知です。イスラエルを罪の縄目から解放するために到来したキリストの出現は、まさに神の〝時が満ちて〟実現した神の救いの出来事でした（マルコ一・一五、ガラテヤ四・四）。福音とはその告知であり、この神の知恵を信じる者は主の心を持つ者だ、とパウロは言います（Ｉコリント二・一六）。

また、「**だれがまず主に与え、主から報いを受けるのですか**」は、嵐の中からヨブにお答えになった神のことばです（ヨブ四一・一一）。絶対的な創造者に対して人間がいささかでも恩を売ってその報いを受けることなどありえないと、ヨブの高慢な主張を退けた神は、他方で彼に何倍もの祝福をお与えになるのでした。行いによって義を求める人々を厳しく退けると同時に、圧倒的な神の恩寵を伝えようとしたパウロの思いが、ここに込められていると言えるでしょう。

歴史を支配してご自分の民に救いをもたらす神。創造者にして絶対的な主権をもって人をあわれむ神。この神の御前に、人間はただひれ伏す以外にありません。なぜなら、「**すべてのものが神から**（発し）、**神によって**（成り）、**神に**（至る）」、すべては初めから終わりまで徹頭徹尾、神の御手の中にあることだからです（原文はゴチック体のみ）。

「すべてのもの」とは、文字どおり〝万物〟ということでしょうが、そこにはもちろん、ユダヤ人と異邦人も含まれています。ユダヤ人も異邦人も創造なさり、ユダヤ人も異邦人もキリストによって救い、ユダヤ人も異邦人も救いの完成へと至らせる。ここに、父・子・聖霊なる神の壮大な救いのご計画があります。

パウロは、万感の思いを胸に、これまでのすべての議論をこのように締め括ります。

「この神に、栄光がとこしえにありますように。アーメン」！

＊　＊　＊

一　神の奥義は矛盾に満ちています。神の御子の十字架、行いではなく信仰、不従順な者へのあわれみ、等々。これらは、本来、納得できない、理屈に合わないことばかりです。しかし、考えてみれば、そもそも堕落した人間と世界を創造者が捨て去ることなく救うこと自体、理屈に合わないことでした。罪と悲惨の中を這うようにして生きる人間を、神はなぜかあわれまれました。「主は富んでおられたのに、あなたがたのために貧しくなられました。それは、あなたがたが、キリストの貧しさによって富む者となるためです」（IIコリント八・九）。ここに神の愛があり、究極の神の知恵があります。そうです。愛とは決して理屈では測れないものなのです。つまり、神の知恵も知識も、神のさばきも道も、すべては愛に根ざしたものだということです。

二　パウロが引用したヨブ記のみことばは、同書のクライマックスの中のことばです。ヨブ記は、信仰者の苦難を描いた書物です。神の御前に誠実に生きていたヨブに、次から次へと試練が襲いかかります。それにもかかわらず、全能の神に対するヨブの信頼は揺るぎません。ヨブの本当の苦しみ（そしてヨブ記の主題）は、そのような外的な苦難ではなく、だれも（神でさえも！）自分を理解してくれないという霊的な苦しみでした。ヨブに対してひたすら沈黙し、彼をまるで無視しているかのような神に、ヨブは耐えられなかったのです。そのヨブに、やがて神がお答えになります。ヨブは（内容如何《いかん》にかかわらず）、その神の語りかけだけで、心が満たされました。まして、この神がご自分の御子をさえ犠牲にして、ご自分の心・ご自分の愛を明らかにしてくださった福音を知る私たちは、どれほど心満たされることでしょう。

三　それにもかかわらず、私たち人間にはいまだ分からないことが山のようにあります。こんなにも力を尽くして神を賛美するパウロの心にも、他方で、絶えず大きな悲しみがあり続けました（ローマ九・二）。これが、人間の、そして信仰者の現実です。私たちは、生きていくために一所懸命考え、祈り、最善を尽くそうとします。それでも思ったとおりにならない現実、予想もしなかったトラブル、自分や家族の身の上に降りかかる災難。いったいなぜこんなことが起こるのか。神の御心はどこにあるのか。週ごとに礼拝に集い、日々聖書を開いて祈っても分からない。まるでヨブのようです。ですから、私たちはヨブの、そしてパウロの忍耐に学びましょう。いえ、だれよりも神ご自身が私たちのために忍耐し続けておられるではありませんか（ローマ三・二五）。分からない神の心に苦しむのではなく、明らかにされた神の愛に心をしっかりと結びつけましょう。そして最後は、心を高く上げて、万事を御手の中で導いてくださる神を賛美しましょう！

36　キリスト者の生活原理

〈ローマ一二・一—二〉

「ですから、兄弟たち、私は神のあわれみによって、あなたがたに勧めます。あなたがたのからだを、神に喜ばれる、聖なる生きたささげ物として献げなさい。それこそ、あなたがたにふさわしい礼拝です。この世と調子を合わせてはいけません。むしろ、心を新たにすることで、自分を変えていただきなさい。そうすれば、神のみこころは何か、すなわち、何が良いことで、神に喜ばれ、完全であるのかを見分けるようになります。」

イエス・キリストの福音に現された神の救いの奥義を語りきったパウロは、今やその福音に生きる生活について語り始めます。福音を理解して信じ、その福音に押し出されるようにして生きる。それが、キリスト者の生活です。ここではまず、神との関係におけるキリスト者の生活原理が語られます。

＊　＊　＊

〝神のあわれみ〟による救いを語った後、計り知れない神の知識・知恵・さばき・道を賛美しつつ、パウロの心はいわば天高く上げられていきました。「ですから、兄弟たち、私は神のあわれみによって、あなたがたに勧めます」と、パウロは再び地上の現実に戻って、この〝神のあわれみ〟によって生きる生き方について――もはやユダヤ人・異邦人の区別なく――親しく語り始めます。

第一の、そして最も重要なことは、「あなたがたのからだを、神に喜ばれる、聖なる生きたささげ物として献げ」ることです。パウロがこの手紙を書いているときには、まだエルサレム神殿は存在していました（紀元七〇年に崩壊）。しかし、パウロが勧める礼拝とは、ユダヤ人であれ異邦人であれ、エルサレム神殿で動物犠牲を献げることではなく、自分自身のからだを神に献げるという献身的生活のことです（ローマ六・一三参照）。

しかも、それを自分でも他人でもなく「神に喜ばれる」、この神にふさわしい「聖なる」、死んだ物としてではなく新しいいのちに「生きた」ささげ物として献げる。このような礼拝こそが「あなたがたにふさわしい（霊的な／理にかなった）礼拝」なのだと勧めるのです。

したがって、第二に、このような献身的生活では「この世と調子を合わせてはいけません」。自分にとって好ましい生き方でも、この世の価値観に合わせた生き方でもなく、「むしろ、心を新たにすることで、自分を変えて（＝変容／変貌させて）いただきなさい」と命じられるとおり、神によって変えられつつ歩む生き方です。

では、どのように心が新たにされ、変えられていくのでしょうか。それは、この世ではなく「神のみこころ」に自分を合わせるように、「すなわち、何が良いことで、神に喜ばれ、完全であるのかを見分けるように」なることです。

＊　＊　＊

一　キリスト者の生活原理の第一は、神への献身的な生活です。礼拝的人生と言ってもいいでしょう。単に形式的・儀礼的な礼拝ではなく、年に何度か折にふれて献げるのでもなく、また心の中だけの精神的な礼拝でもありません。四六時中、生活のすべてにおいて、文字どおり、神に献げられた人生として生きるということです。パウロはそれを「あなたがたにふさわしい（または、理にかなった）礼拝」と呼びました。このような生活こそ、これまで学んできたイエス・キリストの福音にふさわしい、理にかなった、まさに新しいいのちに目覚めた生き方だからです。そして、このような生き方こそ、神の律法、すなわち〝心を尽くし、たましいを尽くし、力を尽くして主なる神を愛する〟ことを真に実現する生活だと言うこともできましょう（ローマ八・四参照）。

二　キリスト者の生活原理の第二は、心の新生と自己の聖化です。神のものとされた人生を歩むのですから、神に属する者としてふさわしく歩むということです。この世で生きている以上、世の人々に合わせて生きることは、ある意味で大切ですし、必要です。しかし、問題は、過ぎ去るこの世の価値観や時代の有様（Ⅰコリント七・三一）そのものに「調子を合わせる（＝同じ型にはまる）」ことです。キリスト者は、神の家の子どもとされた者ですから、何よりも神の家である教会での生活を大切にし、神の家の教え、すなわち、神のことばを学ぶことに心を用いることです。そうすれば、次第次第に、「神のみこころ」が何か、何を神が喜んでくださるのか、おのずから見分けられるようになるでしょう。それは、この世のどんなことばにも思想にも縛られない、自由な心です。

三　以上のようなキリスト者の生活は、初めから終わりまで、「神のあわれみ」に基づいていることを（順序は逆ですが）最後に心に留めましょう。それこそが、真にキリスト教的なあり方だからです。生活のスタイルを真似ればキリスト者になるわけではありません。私たちは、ただ神のあわれみにより、イエス・キリストを信じる信仰によってのみ救われてキリスト者となります。それ以上でも以下でもありません。キリスト者の生活とは、そのような大いなる神のあわれみへの感謝の応答なのです。決して強制されるものではなく、強制してもいけません。パウロが命令としてでなく「勧め」ているのは、そのためです。神のあわれみに促され、神のあわれみに包まれながら生きるとは、なんと幸いな生活でしょうか。

37　キリストのからだ

〈ローマ一二・三―八〉

「私は、自分に与えられた恵みによって、あなたがた一人ひとりに言います。思うべき限度を超えて思い上がってはいけません。むしろ、神が各自に分け与えてくださった信仰の量りに応じて、慎み深く考えなさい。一つのからだには多くの器官があり、しかも、すべての器官が同じ働きをしてはいないように、大勢いる私たちも、キリストにあって一つのからだであり、一人ひとりは互いに器官なのです。

私たちは、与えられた恵みにしたがって、異なる賜物を持っているので、それが預言であれば、その信仰に応じて預言し、奉仕であれば奉仕し、教える人であれば教え、勧めをする人であれば勧め、分け与える人は惜しまずに分け与え、指導する人は熱心に指導し、慈善を行う人は喜んでそれを行いなさい。」

神への〝ささげ物〟としての献身的な生活を勧めたパウロですが、今度はだれの生活がより優れているかという比較と競い合いが起こりかねないことを案じたのでしょう。神に対してのみならず、互いに対する〝心の一新〟を教えます。

＊　＊　＊

使徒として召されたパウロですから、その〝権威〟をもって命じてもよいはずですが、あくまでも「**自分に与えられた恵みによって**」語ると、パウロは自ら謙遜の模範を示して一人ひとりに訴えかけます。「**思うべき限度を超えて思い上がって（＝過剰に思って）はいけません**」と。神に献身する生活は、決して高慢を助長するものであってはならないからです。「**むしろ、神が各自に分け与えてくださった信仰の量りに応じて、慎み深く（＝健全な思いの中で）考え（＝思い）なさい。**」ここでは「思う」という単語が語呂合わせのように繰り返し用いられて、心のあり方が強調されています。神が信仰者一人ひとりに分け与えてくださったイエス・キリストを信じる〝信仰〟に照らし合わせて、つまりは主イエスとの関係において、〝健全に〟考えることを勧めています。

　では、どのように考えればよいのでしょうか。それは、パウロがすでにコリント人への手紙第一（一二・一二以下）で詳細に教えたように、ちょうど「**一つのからだには多くの器官があり、しかも、すべての器官が同じ働きをしてはいないように、大勢いる私たちも、キリストにあって一つのからだであり、一人ひとりは互いに器官**」だということです。キリスト者は、一人ひとりがキリストに結ばれているだけでなく、互いに結び合って、「一つのからだ」を構成している。そうであれば、思い上がることも競い合うことも意味がありません。すべての器官が必要だからです。

この比喩を踏まえて、パウロはまず、だれもが「**与えられた恵みにしたがって、異なる賜物を持っている**」ことを指摘します。神の「恵み」によって救われた信仰者は、一人の例外もなく、「恵み（カリス）」の証しとしての「賜物（カリスマタ）」をもっているからです。そのような賜物による諸々の働きのうち（ローマ教会をまだよく知らなかったためでしょう）、ここでは特にキリストの教会における主な働きのみを、七つリストアップしています（Ｉコリント一二・二八と比較）。

最初は「**預言**」です。教会は、すべてに先立って、まず神のことばに聞かなければならないからです。初代教会にも旧約時代と同様に預言する人々がいたようですが、そのような人々も自分勝手に語ることなく、キリストにある「**信仰に応じて**」預言しなさい。また、人々の生活をケアする「**奉仕**（ディアコニア）**であれば奉仕し**」、みことばを「**教える人であれば教え**」、弱っている人たちに「**勧め**（＝慰め）**をする人であれば勧め**」なさい、と。さらに、パウロは、働きそのものにもまして心の姿勢が大切であることを強調します。互いのために「**分け与える人は惜しまずに分け与え**」、教育でも伝道でも「**指導する人は熱心に指導し**」、貧しい人たちに「**慈善を行う人は喜んでそれを行いなさい**」と。

要するに、キリストのからだの一部とされた人々は、各々異なる賜物をもちながらも、それを互いのため（〝からだ〟全体のため）に、キリストの心をもって仕え合いなさい、ということです。

＊　＊　＊

一　キリスト者が互いに対して抱くべき心の姿勢の第一は、何よりも謙遜さです。私たちはみな一人残らず罪人であり、ただ神のあわれみによって救われたのですから、ユダヤ人であれ異邦人であれ、神に対しても他者に対しても、誇れる者など一人もいません（ローマ二・一、三・二七、一一・二〇等）。他方で、しかし、私たちが卑屈になったり消極的になったりすることを勧めているのでもありません。そうではなく、罪深い自分が、それでも主イエスに赦され愛されているとの、謙遜かつ健全な（バランスの取れた）信仰的感覚が大切です。多くを赦された者は、多く愛する（ルカ七・四七）。これが〝信仰の量り〟ということでしょう。そこには誇りもなければ卑屈さもありません。ただ感謝のみです。

二　第二に、大切なことは、互いへの配慮です。この点で、「からだ」の喩《たと》えは重要です。多様性の尊重と全体の一致を表すからです。その際、特に心に留めるべきことは、からだの中で、ほかよりも弱く見える部分や見栄えのしない部分がかえって大切だという意識です（Ⅰコリント一二・二二）。どんなに小さく弱く見える部分も、キリストのからだの一部であれば、キリストのいのちが通っています。事実、主イエスは、かつてのパウロ

（サウロ）がキリスト者たちを迫害していたときに、「なぜわたしを迫害するのか」（使徒九・四）とご自分と信徒たちを同一視されました。ですから、このキリストのいのちが通う一つ一つの部分の働きを決して軽んじてはなりません。むしろ私たちは、どんなに大きな働きでも他の部分の支えがあってこそという謙遜さと、どんなに小さな働きでも全体のために必要とされているという喜びを忘れないようにしましょう。

三 第三は、「賜物」を活かす際の心持ちです。「賜物」とは、単に〝才能〟というよりも、キリストと聖霊を通して与えられた神の恵みの〝証し〟または〝実〟と理解したほうがよいでしょう。それは、神から与えられたものですから、感謝こそすれ誇ってはいけません（Ⅰコリント四・七）。しかしまた、自分のものではないのですから、遠慮したり出し惜しみしたりしてはいけません。自分に託された賜物を、最大限に活かすこと。それが主の恵みに応える道です（Ⅰコリント一二・五）。そのためには、キリストの恵みにふさわしい心をもって、すなわち、惜しみなく（＝真っ直ぐな心で）、熱心に（＝心を尽くして）、喜んで（＝心さわやかに）することが肝要です。キリスト者の奉仕とは、福音に促され、福音の精神（キリストの心）を体現するものだからです。

38　キリストに倣いて

〈ローマ一二・九―二一〉

「愛には偽りがあってはなりません。悪を憎み、善から離れないようにしなさい。兄弟愛をもって互いに愛し合い、互いに相手をすぐれた者として尊敬し合いなさい。勤勉で怠らず、霊に燃え、主に仕えなさい。望みを抱いて喜び、苦難に耐え、ひたすら祈りなさい。聖徒たちの必要をともに満たし、努めて人をもてなしなさい。

あなたがたを迫害する者たちを祝福しなさい。祝福すべきであって、呪ってはいけません。喜んでいる者たちとともに喜び、泣いている者たちとともに泣きなさい。互いに一つ心になり、思い上がることなく、むしろ身分の低い人たちと交わりなさい。自分を知恵のある者と考えてはいけません。だれに対しても悪に悪を返さず、すべての人が良いと思うことを行うように心がけなさい。自分に関することについては、できる限り、すべての人と平和を保ちなさい。愛する者たち、自分で復讐してはいけません。神の怒りにゆだねなさい。こう書かれているからです。

『復讐はわたしのもの。わたしが報復する。』

主はそう言われます。次のようにも書かれています。
『もしあなたの敵が飢えているなら食べさせ、
渇いているなら飲ませよ。
なぜなら、こうしてあなたは彼の頭上に
燃える炭火を積むことになるからだ。』
悪に負けてはいけません。むしろ、善をもって悪に打ち勝ちなさい。」

主イエス・キリストに結ばれた者同士の関係を「からだ」に喩《たと》えて、献身の姿勢と心の一新を教えたパウロは、ちょうどコリント人への手紙第一の一二章（からだとしての教会）から一三章（愛の賜物）へと展開したように、ここでも隣人愛の様々なかたちを論じます。一つ一つが大切な勧めになっていますが、最初に全体の流れをつかむことにしましょう。

＊　＊　＊

まず、パウロは「**愛には偽り**（＝偽善）**があってはなりません**」と語りだします。そして、その偽りのない愛の諸相を立て続けに（原文では一文で）述べています。すなわち
——

「悪を憎み、善から離れないように」

「兄弟愛をもって互いに愛し合い、互いに相手をすぐれた者として尊敬し合い」

という互いへの基本的な姿勢。

「勤勉で怠らず、霊に燃え、主に仕え」

「望みを抱いて喜び、苦難に耐え、ひたすら祈り」

という自分の信仰姿勢。そして、

「聖徒たちの必要をともに満たし、努めて人をもてなし」

という具体的な行動です。

これらは、主として信仰者同士の関係が念頭にあるようです。そこからさらに、すべての人々に対する愛の姿勢が論じられます。

まずは最も困難と思われる「あなたがたを迫害する者たちを祝福しなさい。祝福すべきであって、呪ってはいけません」と。そのうえで、他の人間関係においては、（人を選んだり差別したりすることなく）ひたすら相手に寄り添う心と姿勢を示し、へりくだって自分を低くすることが教えられます。

「喜んでいる者たちとともに喜び、泣いている者たちとともに泣きなさい。

互いに一つ心になり、思い上がることなく、むしろ身分の低い人たちと交わりなさい。

自分を知恵のある者と考えてはいけません。」

こうして、「**だれに対しても悪に悪を返さず、すべての人が良いと思うことを行うように心がけなさい。自分に関することについては、できる限り、すべての人と平和を保ちなさい**」と。

しかし現実はそれほど甘くないことを、パウロも知っています。嘆かわしいこと、腹立たしいことが、この世には満ちているからです。信仰者は悪を無視していいのか、という声も聞こえてきそうです。

そこで、パウロは「**愛する者たち**」と、彼らの心をなだめるようにして諭すのです。「**自分で復讐してはいけません。神の怒りにゆだねなさい**」と。そして、それが神の御心であることを、聖書を引用することで立証します。「**復讐はわたしのもの。わたしが報復する**」（申命三二・三五）、「**もしあなたの敵が飢えているなら食べさせ、渇いているなら飲ませよ。なぜなら、こうしてあなたは彼の頭上に燃える炭火を積む**（自責の念を起こさせる）**ことになるからだ**」（箴言二五・二一―二二）と。つまり、キリスト者は、悪を無視するのではなく、悪によって悪に勝つのでもない（それは悪に対する敗北です）。そうではなく、「**むしろ、善をもって悪に打ち勝ちなさい**」と。

＊　＊　＊

一　偽善とは〝装う・ふりをする〟ということで、表面的なことばや態度とその人の実際とが異なることです（マタイ二三章等を参照）。聖書が教える愛には、何よりもまず、偽りのない誠実な心のあり方が求められます。なぜなら、神ご自身が偽りのない愛の方だからです。そのような愛に救われたキリスト者たちは、客観的に見ても「悪を憎み、善から離れない」心が必要です。これもまた、神が愛にして善だからです。そのような主の愛に結ばれた者として、キリスト者は、まず互いを〝兄弟姉妹〟として尊ぶこと、そして、自らもまた勤勉かつ熱心に愛の主にお仕えし、愛に基づく希望をもって喜び、その力によって苦難にも耐え、目覚めて主に祈り続けることです。そのような愛に目覚めたまなざしは、必ずや身近にいる人々の様々な必要に注がれて、具体的なもてなしへと私たちを動かすことでしょう。

二　偽りのない愛は、信仰者同士の間でとどまるものであってはなりません。神は、この世を愛してくださったからです（ヨハネ三・一六）。その神の愛を体現されたのが、主イエスです。主は、文字どおり、喜ぶ者たちとともに喜び、泣く者たちとともに泣き、自らを低くして人々の心と一つになり、身分の低い人たちと交わりました。悪に対して悪を返さず、すべての人が良いと思うことを行い、すべての人に平和をもたらしたのは、この方です。何よりも「自分の敵を愛し、自分を迫害する者のために祈りなさい」（マタイ五・四四）と言われたことばを生き抜いた方でした（ルカ二三・三四参照）。それは、悪人にも善人にも等しく、太陽を昇らせ、雨を降らせる天の父の心にほかなりません。そうして、今や天の父の子どもとなった私たちもまた、父の心を生きるようにと招かれています（マタイ五・四五）。その模範は主イエスのご生涯です。〝キリスト〟者とは、イエス・キリストのご生涯に倣う者なのです（使徒七・六〇、Iコリント四・一一―一三参照）。

三 「悪を憎む」（九節）ように言われているキリスト者は、悪に対して無感覚ではいられません。しかし、ここでパウロが言っているのは、あくまでも「自分に関すること」（一八節）に対する怒りや復讐心の問題であることに注意しましょう（公的悪への処罰については一三・四）。パウロは、その思いをまず唯一絶対の審判者である神にゆだねるように、むしろ敵に善を返すことで相手の心に訴えるように、そしてついには悪に打ち勝つようにと勧めます。そもそも神の「敵」であった私たち自身が、ただ神の愛によって赦されていること（ローマ五・一〇）を思い起こしましょう。敵に石を投げる資格は、私たちにはありません（ヨハネ八・七）。むしろ、この神に赦されている者として、神の善をもって悪に勝つ者となりましょう。そのような「善」のかけらもないみじめな存在であった私たち（ローマ七・一八―二四）が、今や主に結ばれて「心を新たに……自分を変えていただく」（一二・二）ことによって、次第次第に御子に似た者へと変えられていくのです（八・二九―三〇）。

39　上に立つ権威

〈ローマ一三・一―七〉

「人はみな、上に立つ権威に従うべきです。神によらない権威はなく、存在している権威はすべて、神によって立てられているからです。したがって、権威に反抗する者は、神の定めに逆らうのです。逆らう者は自分の身にさばきを招きます。

支配者を恐ろしいと思うのは、良い行いをするときではなく、悪を行うときです。権威を恐ろしいと思いたくなければ、善を行いなさい。そうすれば、権威から称賛されます。彼はあなたに益を与えるための、神のしもべなのです。しかし、もしあなたが悪を行うなら、恐れなければなりません。彼は無意味に剣を帯びてはいないからです。彼は神のしもべであって、悪を行う人には怒りをもって報います。ですから、怒りが恐ろしいからだけでなく、良心のためにも従うべきです。同じ理由で、あなたたは税金も納めるのです。彼らは神の公僕であり、その務めに専念しているのです。

すべての人に対して義務を果たしなさい。税金を納めるべき人には税金を納め、関税を納めるべき人には関税を納め、恐れるべき人を恐れ、敬うべき人を敬いなさい。」

「悪に負けてはいけません。むしろ、善をもって悪に打ち勝ちなさい」（一二・二一）と個人的な復讐を戒めたパウロは、いわば神の正義の執行者として立てられている社会のシステムに目を向けさせます（テトス三・一、Iペテロ二・一三参照）。隣人愛を教える文脈の中で一見唐突に見えるこれらのことばは、キリスト者が単に個人的な関係の中だけで生きる者ではなく、大きな社会の中で生きる者であることを教えています。

＊　　＊　　＊

パウロはまず、基本的な原則を述べます。キリスト者に限らず、「**人はみな**（＝すべてのたましいは）、**上に立つ権威に従うべきです。神によらない権威はなく、**（社会秩序のために）**存在している権威はすべて、神によって立てられているからです。したがって、権威に反抗する者は、神の定めに逆らうのです。逆らう者は自分の身にさばきを招きます**」。

そのうえで、そのような権威を帯びている者としての「**支配者**」を取り上げ、先に論じられた「悪」（一二・一七、二一）への審判者また正義の執行者としての役割を述べます。「**支配者を恐ろしいと思うのは、良い行いをするときではなく、悪を行うときです。権威を恐ろしいと思いたくなければ、善を行いなさい。そうすれば、権威から称賛されます。権威は**（善を行う）**あなたに益を与えるための、神のしもべなのです。しかし、もしあなた**

が悪を行うなら、恐れなければなりません。彼は無意味に剣を帯びてはいないからです。彼は神のしもべであって、悪を行う人には怒りをもって報います」と。

要するに、支配者はいわば神の代理者なのですから、「怒りが恐ろしいからだけでなく、（支配者をお立てになった神を畏れ敬うという）良心のためにも従うべきです」。さらに、彼らはそのようにして神に仕える「公僕であり、その務めに専念しているのです」から、それへの代償として「税金も納める」ようにと言われます。

こうして、冒頭の基本原則に教えられたとおり、神によって立てられた権威を有する「すべての人に対して義務を果たしなさい（＝借りを返しなさい）。税金を納めるべき人には税金を納め、関税を納めるべき人には関税を納め、恐れるべき人を恐れ、敬うべき人を敬いなさい」。これが、社会におけるキリスト者の基本姿勢です。

＊　　＊　　＊

一　パウロが特にここで上に立つ権威への従順を唱えているのは、ローマにおけるユダヤ人騒動をきっかけに発令された皇帝クラウディウスによるユダヤ人追放令（使徒一八・二）と関係があるのかもしれません。しかし、そうでなくとも、この世の為政者たちがみな、神に立てられていることは聖書の常識であり、異教徒の王でさえも主なる神の器とみなされました（イザヤ一〇・五、四四・二八、エレミヤ二七・六、ダニエル二・二一、五・一八等）。とりわけ、悪の問題を論じるなかで、帝都において圧倒的少数者であったキリスト者たちが何よりもまず平和に暮らすこと（二二・一八）を求めるようにとの配慮があるのでしょう。なぜなら、たとい異教国であっても、社会秩序が守られ、ご自分の民が平安に暮らすことを、主なる神ご自身が望んでおられるからです（エレミヤ二九・七）。

二　パウロは、支配者が「神のしもべ」であることを繰り返して強調します。権威はあくまでも委ねられているのですから、それにふさわしい仕事をしているかどうかが厳しく問われねばなりません（外典・知恵の書六・三以下参照）。パウロ自身、ローマの役人によって不当な仕打ちを受けたときには抗議をしています（使徒一六・三七、二二・二五）。したがって、ここに述べられている権威への従順は、平和に暮らすための基本原則であって、自決して無批判の従順ではありません。権力を乱用する者や務めに専念しない者、まして自らを「しもべ」ではなく神と等しくする支配者（黙示録一三章参照）などへの義務については、他の聖書箇所を調べる必要があります。いずれにしても、「しもべ」としての彼らの働きは、神の国の完成に至るまでの限定的なものであることを心に留めましょう（Ｉコリント一五・二四、二八）。

三　主イエスは、皇帝アウグストゥスの勅令（ルカ二・一）にその誕生を左右され、ヘロデ王に命を狙われ（マタイ二・一六）、総督ピラトのもとで十字架にかけられました（マタイ二七・二六）。ユダヤ人の王（マタイ二・二）また神の子（ルカ一・三五）であるにもかかわらず、その生涯の最初から最後まで、この世の支配者たちに翻弄されました。しかし、そもそも王座も主権も支配も権威も「御子にあって造られた」（コロサイ一・一六）ものであり、よみがえりの主は天と地の一切の権威を与えられた方（マタイ二八・一八）です。したがって、キリスト者はこの世にありながら、すでに御子の支配（コロサイ一・一三）の下に生きる者です。この世を耐え忍ばれたキリストの模範にならい、真の支配者に心を高く上げて、ただ主のゆえに自由な者としてこの世の相対的な制度に従って生きる。それこそ、神に喜ばれる生き方です（Ｉペテロ二・一三―二五）。

40　キリストを着る

〈ローマ一三・八―一四〉

「だれに対しても、何の借りもあってはいけません。ただし、互いに愛し合うことは別です。他の人を愛する者は、律法の要求を満たしているのです。『姦淫してはならない。殺してはならない。盗んではならない。隣人のものを欲してはならない』という戒め、またほかのどんな戒めであっても、それらは、『あなたの隣人を自分自身のように愛しなさい』ということばに要約されるからです。愛は隣人に対して悪を行いません。それゆえ、愛は律法の要求を満たすものです。

さらにあなたがたは、今がどのような時であるか知っています。あなたがたが眠りからさめるべき時刻が、もう来ているのです。私たちが信じたときよりも、今は救いがもっと私たちに近づいているのですから。夜は深まり、昼は近づいて来ました。ですから私たちは、闇のわざを脱ぎ捨て、光の武具を身に着けようではありませんか。遊興や泥酔、淫乱や好色、争いやねたみの生活ではなく、昼らしい、品位のある生き方をしようではありませんか。主イエス・キリストを着なさい。欲望を満たそうと、肉に心を用いてはいけません。」

八節から一〇節は社会的な対人関係についての教えの続きで、単に貸し借り（義務）といった関係を超えた「愛」に基づく関係の重要性が述べられます。そして、一一節から一四節には、一二章一節から語られてきたこの世におけるキリスト者の生活姿勢に関わるもう一つの原理が述べられて、全体が締めくくられます。

＊　　＊　　＊

社会的な対人関係において、「すべての人に対して義務を果たしなさい（＝借りを返しなさい）」（七節）と勧めたパウロは、再びそれを強調して「**だれに対しても、何の借りもあってはいけません**」と繰り返します。つまり、一市民としての義務を果たし、何も後ろめたいことがないようにしなさい、ということです。

そのうえで、しかし、「**互いに愛し合うことは別です**」と言います。キリスト者は、表面的なこの世の義務を果たせば事足れりとはしない。もう一歩進んで、見ず知らずの「**他の人を愛する**」ことによって神の律法を満たす者となることが、神の子どもたちの目標だからです（マタイ五・三八―四八）。

十戒の後半にある「**姦淫してはならない。殺してはならない。盗んではならない。隣人**

のものを欲してはならない」（申命五・一七―一九、二一のギリシア語訳参照）をはじめとするあらゆる神の戒めは、イエスが言われたとおり「あなたの隣人を自分自身のように愛しなさい」ということばに要約されます（レビ一九・一八、マタイ一九・一九）。実際、「愛は隣人に対して悪を行いません」。それぱかりか、キリスト者たちによる愛の業こそ、単にこの世の規準のみならず、神の「律法の要求を満たすもの」なのです（ローマ八・四参照）。

こうして、信仰者同士、また、社会的な人間関係におけるキリスト者の生活について述べてきたパウロは、最後に、この世を超えていくキリスト者の生活姿勢について想起させます。キリスト者は「今がどのような時であるか知っています」。それは、「（霊的な）眠りからさめるべき時刻が、もう来ている」という認識です。そのような霊的覚醒の必要は、いっそう増している。なぜなら「私たちが信じたときよりも、今は救い（の完成）がもっと私たちに（時間的にも霊的にも）近づいている」からです。

それは、旧約聖書以来（イザヤ六〇・一―二など）の喩《たと》えでいえば、「夜は深まり、昼は近づいて」来たというイメージです。「ですから私たちは、（神に背を向ける）闇のわざを脱ぎ捨て、光の武具を身に着けようではありませんか」。そして、文字どおり闇の中でなされるような「遊興や泥酔、淫乱や好色、争いやねたみの生活ではなく、昼らしい、品位のある生き方をしようではありませんか」と呼びかけます。そうして心にも生活にも「主イエス・キリストを着なさい。欲望を満たそうと、肉に心を用いてはいけません」と。

一　この世の社会に生きるキリスト者は、この世の価値観に調子を合わせはしません（一二・二）が、この世のルールに従って生きるのが基本です。聖書の神は無秩序の神ではないからです。しかし、神の子どもとされたキリスト者は、何よりも神のルール（＝律法）に従って生きる者であることを心に留めましょう。しかも、その動機は単に義務感からではなく、この私を愛してやまない神の愛への感謝に基づく、愛の心です。いかなる他者に対しても、そのような愛の心で接していくときに、その人を傷つけることはないでしょう。単なる自分の厚意であれば、容易に怒りや憎悪に変わるかもしれません。しかし、信仰から生じる愛は、自分を低くし、他者と一つ思いになるようにと導くからです。それこそが神の御心ですから、愛は律法を満たすと言われるのです。

二　この世にありながらこの世を超えていくキリスト者は、〝時〟の認識においても異なります。人間は、自分が置かれた状況に応じて良い時代・悪い時代と呼びますが、イエス・キリストの救いが現れた時から、すべての時代は〝恵みの時、救いの日〟（Ⅱコリント六・二）だ、と聖書は宣言します。それだけではありません。この歴史にも自分の人生にも向かうべきゴールがあるというのが、聖書の歴史観です。それは、キリストと顔と顔とを合わせて出会う（Ⅰコリント一三・一二）という救いの完成の日です。その日に向かって、一日一日を生きていく。それが、キリストに結ばれた者の生き方です。キリストとの〝近さ〟は、単純に時間や空間で計れるものではありません。私たちのたましいが主に対して目覚めているときには、キリストもまた近い（ピリピ四・五）。その緊張感と喜びがあるとき、私たちの生活もまたおのずと整えられていくことでしょう。

三　イエス・キリストの救いの光に照らされて生きる者たちは〝光の子ども〟（Ⅰテサロニケ五・五）ですから、それにふさわしい生活をする。いつでも闇の力と戦えるように武具を身につける（Ⅰテサロニケ五・八、エペソ六・一一―一七）。それは〝キリストを着る〟ことにほかならない（ガラテヤ三・二七、エペソ四・二四、コロサイ三・一〇）。これらは、パウロが好んで繰り返し用いる実に鮮烈なイメージです。特に、闇の業に生きていた古い自分を脱ぎ捨ててキリストを着るというイメージは、初代教会における洗礼式と関係があるかもしれません（ローマ六・三以下参照）。自分の肉欲とキリストに生きることとの狭間でうめき苦しんでいたアウグスティヌス（四―五世紀）が劇的回心に導かれたのが、この聖書箇所です。依然として罪人でありながら、圧倒的な神の救いの光に照らされて、キリストの恵みの衣をまとって生きる。ここに新しい人間の創造があります。

41　生きるにも死ぬにも主のもの

〈ローマ一四・一―一二〉

「信仰の弱い人を受け入れなさい。その意見をさばいてはいけません。ある人は何を食べてもよいと信じていますが、弱い人は野菜しか食べません。食べる人は食べない人を見下してはいけないし、食べない人も食べる人をさばいてはいけません。神がその人を受け入れてくださったのです。他人のしもべをさばくあなたは何者ですか。しもべが立つか倒れるか、それは主人次第です。しかし、しもべは立ちます。主は、彼を立たせることがおできになるからです。

ある日を別の日よりも大事だと考える人もいれば、どの日も大事だと考える人もいます。それぞれ自分の心の中で確信を持ちなさい。特定の日を尊ぶ人は、主のために尊んでいます。食べる人は、主のために食べています。神に感謝しているからです。食べない人も主のために食べないのであって、神に感謝しているのです。私たちの中でだれ一人、自分のために生きている人はなく、自分のために死ぬ人もいないからです。私たちは、生きるとすれば主のために生き、死ぬとすれば主のために死にます。

ですから、生きるにしても、死ぬにしても、私たちは主のものです。キリストが死んでよみがえられたのは、死んだ人にも生きている人にも、主となるためです。

それなのに、あなたはどうして、自分の兄弟をさばくのですか。どうして、自分の兄弟を見下すのですか。私たちはみな、神のさばきの座に立つことになるのです。次のように書かれています。

『わたしは生きている――主のことば――。
すべての膝は、わたしに向かってかがめられ、
すべての舌は、神に告白する。』

ですから、私たちはそれぞれ自分について、神に申し開きをすることになります。」

キリスト者の生活について基本的な原則を述べてきたパウロは、今度は（おそらく、ローマ教会の中に実際にあった）互いの考え方や生活スタイルの違いという応用問題を扱います（議論は一五・六まで続きます）。キリスト者の生活の理想的姿ではなく、実際の教会に起こりうる現実問題を扱うのです。なぜなら、イエス・キリストの福音は、罪ある人間の現実のただ中においてこそ、その真価を発揮するからです。

＊　＊　＊

パウロが問題にするのは、神への信仰の強弱というよりも、生活適応力または信仰的良心の強弱ということです。つまり、何かのルールを守らなければ信仰者としての証しを立てられないと考える（弱い）人と、そうでない（強い）人との関係です。そして「信仰の弱い人を受け入れなさい」というのがパウロの結論です。大切なことは一人ひとりの〝人〟であって、「その意見をさばいて（＝疑わしい議論に向かって）」はいけない、と。

具体的には、まず食物の問題があります。「ある人は何を食べてもよいと信じていますが、弱い人は野菜しか食べません。」野菜しか食べないのは、当時の肉のほとんどが異教の神々への供え物として供された物だったためです（Ⅰコリント一〇・二五以下参照）。そして、たといそのように考える人がいたとしても、「食べる人は食べない人を見下してはいけないし、食べない人も食べる人をさばいてはいけません」。なぜなら〝さばく〟のは、ただ神のみがなしうることであり、「神がその人を受け入れてくださった」以上、だれもその人をさばくことはできないからです。

そもそも「他人のしもべをさばくあなたは何者ですか」と、パウロはすべてのキリスト者が主イエスのしもべであることを思い起こさせて続けます。食べる・食べないによって「しもべが立つか倒れるか、それは主人次第です。しかし、しもべは立ちます。主（イエス）は、彼を立たせることがおできになるからです」と。

あるいはまた、ユダヤ教徒にとっての安息日のように、「ある日を別の日よりも大事だと考える人もいれば、どの日も大事だと考える人もいます」。それについても「それぞれ自分の心の中で確信を持ちなさい」とパウロは勧めます。そして、それぞれの〝確信〟を積極的に評価して言うのです。「特定の日を尊ぶ人は、主のために尊んでいます。食べる人は、主のために食べています。神に感謝しているからです。食べない人も主のために食べないのであって、神に感謝しているのです」と。

そうして、キリスト者としての連帯と誇りをもって、パウロは断言します。「私たちの中でだれ一人、自分のために生きている人はなく、自分のために死ぬ人もいないからです。私たちは、生きるとすれば主のために生き、死ぬとすれば主のために死にます。ですから、生きるにしても、死ぬにしても、私たちは主のものです」と。

そもそも「キリストが死んでよみがえられたのは、死んだ人にも生きている人にも、主となるためです」。ですから、キリストによって救われた者は（生きていようが、死んでいようが）主のものであり、同じ主に結ばれた兄弟姉妹たちです。そこには何の違いもありません。「それなのに、あなたはどうして、自分の兄弟をさばくのですか。どうして、自分の兄弟を見下すのですか。」むしろ自分自身の立場をわきまえるために「私たちはみな、神のさばきの座に立つことになる」という厳粛な事実を、パウロはイザヤ書から思い起こさせます。

「わたしは生きている――主のことば――。すべての膝は、わたしに向かってかがめら

れ、すべての舌は、神に告白する」（イザヤ四九・一八、四五・二三）。キリスト者は一人ひとり、ただこの神に対して「**それぞれ**（他人についてではなく）**自分について……申し開きをすることに**」なるのですから。

＊　　＊　　＊

一　初代教会では、ユダヤ人キリスト者と異邦人キリスト者の間に、生活習慣をめぐる深刻な違いがありました（使徒一五・一九―二〇参照）。ひょっとすると、ローマにある家の教会間でも違いがあったのかもしれません。しかし、ユダヤ人・異邦人を問わず、いつの時代でもどのような文化の中でも、ものの考え方や生活習慣において、より厳格な人と柔軟な人はいるものです。とりわけ、キリスト者の場合、その人の聖書理解や信仰の確信が、実に多様な仕方で（良くも悪しくも）生活に現れます。そして、その生活や行動の違いから、今度は逆に、その人の聖書理解や信仰そのものを疑うことさえ起こるのです。この逆転は容易に起こります。そして、容易に教会の分裂を招くのです。ですから、ローマ教会のみならず、すべてのキリスト者は、パウロが提示する福音的解決法をよくよく心に留める必要があります。

二　初めにこの問題を応用問題と呼んだように、ここでは一二―一三章で学んだキリスト者の基本的な生活原理（神への献身・心の一新・隣人愛・終末信仰）が問題を解く鍵となっています。第一に、キリスト者は一人ひとりが神へのささげ物なのですから、神が彼らの主であるということ。第二に、何が神に喜ばれるかを各自が判断するように勧められているのですから、それぞれが自分の確信に基づいて行動してよいこと。第三に、主のために共に生きる兄弟姉妹たちを喜び、各々の歩みに敬意を払うこと。最後は、神の御前で一人ひとりが告白する日が来るということです。この告白は、しかし、罪の告白とは限りません。引用されたイザヤ書は、一度は滅んだご自分の民をどこまでも愛する神についての告白だからです（イザヤ四九・一三以下、四五・二四―二五参照）。実に、キリスト者は、この神の愛の中を兄弟姉妹たちと共に歩む者なのです。

三　これらの諸原理の中心にあるのが、「生きるにしても、死ぬにしても、私たちは主（イエス・キリスト）のもの」という福音です。私たちはみな――強い人であれ弱い人であれ――一人の例外もなく、罪のうちに滅ぶべき者でした。それにもかかわらず、キリストは、そのような私たちをご自分のものとするために死んで復活されました。それは、私たちが行いによらず、ただ信仰のみによって救われるためです。そうであれば、私たちは互いの〝行い〟の違いを問題にすべきではありません。むしろ、一人ひとりを主が導いておられると信じることとです。強い人であろうと弱い人であろうと、倒れる時があるでしょう。しかし、たとい倒れても必ず主が立たせてくださるとは、なんという幸いでしょうか。〝生きるにも死ぬにも主のもの〟とは、なんという慰めでしょうか！

42 自由と愛

〈ローマ一四・一三―二三〉

「こういうわけで、私たちはもう互いにさばき合わないようにしましょう。いや、むしろ、兄弟に対して妨げになるもの、つまずきになるものを置くことはしないと決心しなさい。私は主イエスにあって知り、また確信しています。それ自体で汚れているものは何一つありません。ただ、何かが汚れていると考える人には、それは汚れたものなのです。もし、食べ物のことで、あなたの兄弟が心を痛めているなら、あなたはもはや愛によって歩んではいません。キリストが代わりに死んでくださった、そのような人を、あなたの食べ物のことで滅ぼさないでください。ですから、あなたがたが良いとしていることで、悪く言われないようにしなさい。なぜなら、神の国は食べたり飲んだりすることではなく、聖霊による義と平和と喜びだからです。このようにキリストに仕える人は、神に喜ばれ、人々にも認められるのです。

ですから、私たちは、平和に役立つことと、お互いの霊的成長に役立つことを追い求めましょう。食べ物のために神のみわざを台無しにしてはいけません。すべての食べ物はきよいのです。しかし、それを食べて人につまずきを与えるような者にとっては、悪いものなのです。肉を食べず、ぶどう酒を飲まず、あなたの兄弟がつまずくようなことをしないのは良いことです。あなたが持っている信仰は、神の御前で自分の信仰として持っていなさい。自分が良いと認めていることで自分自身をさばかない人は幸いです。しかし、疑いを抱く人が食べるなら、罪ありとされます。なぜなら、それは信仰から出ていないからです。信仰から出ていないことは、みな罪です。」

キリスト者の実際の生活における考え方や行動様式の違いという問題をどのように考えればよいのか。また、信仰生活について自由な考え方をもつ〝強い人〟とそこまで自由になれない〝弱い人〟との関係をどのように維持すればよいのか。パウロは先に、基本的なキリスト教的生活原理に基づきつつ論じました。ここでは、さらに、福音に基づく自由と愛との関係について論じます。

＊　　＊　　＊

「こういうわけで、私たちはもう互いにさばき（＝判断し）合わないようにしましょう」と前段の議論をまとめたうえで、パウロは「むしろ、兄弟に対して妨げになるもの、つまずきになるものを置くことはしないと決心（＝判断）しなさい」と、ここでの議論の主題を提示します。それは、単に〝さばかない〟という消極的なあり方ではなく、兄弟姉妹たちがつまずかないようにするという愛の配慮です。

まずパウロは、何よりも「**主イエス**」ご自身の教えから始めます。それは、おそらくパウロ自身が他の使徒たちから聞いて知っていること（たとえば、マルコ七・一八）であり、また彼自身が復活の主イエスとの交わりの中で確信している真理、すなわち「**それ自体で**（宗教的に）**汚れているものは何一つありません**」ということ。つまり、キリスト者は、何を食べようが何を飲もうが自由だということです。「**ただ、何かが汚れていると考える**（弱い）**人には、それは**（その人にとって）**汚れたものなのです。**」これが、事柄の神学的な説明です。

しかし、キリスト教信仰は理念だけではありません。他者との関わりの中で働くものでもあります。「**もし、**（あなたが食べる）**食べ物のことで、あなたの兄弟が心を痛めているなら、あなたはもはや愛によって**（＝したがって）**歩んではいません。キリストが代わりに死んでくださった、そのような**（弱い）**人を、あなたの食べ物のことで滅ぼさないでください。**」そして、事柄そのものとしては全く正しい、あなたがた強い人が「**良いとしていること**」が、他者をつまずかせたばかりに「**悪く言われないようにしなさい**」とパウロは忠告します。

なぜなら、神がキリストによって支配する「**神の国**（の目的）**は食べたり飲んだりする**

ことではなく、聖霊による義と平和と喜びだからです」。そして、そのように弱い人を配慮して「キリストに仕える人は、神に喜ばれ、(その愛の品性が)人々にも認められるのです」。

「ですから、私たちは、平和に役立つことと、お互いの霊的成長に役立つこと(＝お互いを建て上げること)を追い求めましょう。食べ物のために(お互いを建て上げるという)神のみわざを台無しにしてはいけません。」これが、キリスト者が目指すべき目標です。

確かに、主イエスが教え、パウロが確信しているように「すべての食べ物はきよいのです。しかし、それを食べて人につまずきを与える(＝つまずきによって食べる)ような者にとっては、悪いものなのです」。逆に「良い」のは「肉を食べず、ぶどう酒を飲まず、あなたの兄弟がつまずくようなことをしない」ことです。

言い換えれば、強い人である「あなたが持っている信仰は、(弱い人に強要することなく)神の御前で自分の信仰として持っていなさい。自分が良いと認めていることで自分自身をさばかない人は幸いです」。自分の確信を捨てる必要はありません。しかし、もしその確信に促されて、「疑いを抱く(弱い)人が食べるなら、罪ありとされます。なぜなら、それは信仰から出ていないからです。信仰から出ていないことは、みな罪です」。強い人の正しい確信が、弱い人に罪を犯させることになってしまわないように。

一　多くの宗教には、飲食や生活時間についてのタブー（禁忌）があります。そこには様々な人間の欲望を抑制することで〝聖なる者〟になるという考えが働いています。あるいはまた、物質的なことは悪く精神的なことは良いという二元論的な考え方も、しばしば（キリスト教の中にさえ）入り込みます。しかし、私たちが自分の力ではなく、ただ神の一方的な恵みによって救われるという福音による生活には、〝聖〟となるための何の努力も必要ありません。また、善である神が創造なさったこの世界には、何一つ悪い物などありません。したがって、この神を父とするキリスト者の生活は、根本的に自由な生活です。それは、人から強制されることも強制することもできない、ただ福音に基づく自由な心から出る生活なのです。

＊　＊　＊

二　そのような信仰に基づく自由を制限する唯一のことは、他者への愛の配慮です。自分の確信を捨てる必要はありません。しかし、他者のためには自ら進んで自分の自由を放棄する。それがキリスト者のあり方です。なぜなら、キリストによって与えられた自由とは、自己中心に生きるためではなく〝愛にしたがって歩む〟ための自由だからです。それゆえ、隣人を愛することこそが、誤ることのない、キリスト者の生活の基準です。とりわけ、主にある兄弟姉妹たちをつまずかせてはいけない、とパウロは忠告します。なぜなら、第一に、彼らはキリストが命を注ぎ出すほどに価値ある存在だからです。第二に、異なる信念をもつ兄弟姉妹たちに自分の確信を強要することは、彼らの信仰の自由を損なって罪を犯させることになるからです。

三　キリストによる愛とキリスト者同士の愛とが具体化する場所、それが教会です。パウロがそれを「神の国」と表現するのは、教会の交わりが単なる人間的な交わりではなく、神が支配する場であることを強調するためでしょう。この世の国は強い者が弱い者を力によって服従させる支配ですが、神の国は強い者が弱い者を配慮する愛による支配なのです。その神の御業によってもたらされるのが「聖霊による義と平和と喜び」です。それは、キリストにある神と私たち、また、私たち相互の関係を表しています。そして、これこそがキリストの教会の本質であり目的です。それを、飲食のような瑣末な事柄で破壊するのではなく、むしろ神の国を〝建て上げる〟ことに心を用いるように、とパウロは促します。教会は成長するものです。強い者は愛において、弱い者もまたそれに甘んじることなく、互いに成長することを追い求めましょう。

43　心を一つに

〈ローマ一五・一―六〉

「私たち力のある者たちは、力のない人たちの弱さを担うべきであり、自分を喜ばせるべきではありません。私たちは一人ひとり、霊的な成長のため、益となることを図って隣人を喜ばせるべきです。キリストもご自分を喜ばせることはなさいませんでした。むしろ、

『あなたを嘲る者たちの嘲りが、
わたしに降りかかった』

と書いてあるとおりです。かつて書かれたものはすべて、私たちを教えるために書かれました。それは、聖書が与える忍耐と励ましによって、私たちが希望を持ち続けるためです。どうか、忍耐と励ましの神があなたがたに、キリスト・イエスにふさわしく、互いに同じ思いを抱かせてくださいますように。そうして、あなたがたが心を一つにし、声を合わせて、私たちの主イエス・キリストの父である神をほめたたえますように。」

キリスト者の自由が弱い人々へのつまずきとならないために、愛の重要性について論じたパウロは、最後にもう一度、主イエス・キリストの模範に心を向けさせ、神への賛美へと読者を促します。

*　*　*

これまで論じられてきた「強い人／弱い人」という対比が「**力のある者／力のない人**」と表現されていますが、内容的には同じです。すでに述べたように、この場合の「力」とは、キリストにある自由の適応力と言えるでしょう。そして、パウロ自身を含む「**私たち力のある者たちは、力のない人たちの弱さを担うべきであり、自分を喜ばせるべきではありません**」。キリストの教会は、力ある者だけを重んじるところではないからです。むしろ、「**一人ひとり、霊的な成長**（＝建設）**のため、益となることを図って隣人を喜ばせるべきです**」。

「自分を喜ばせる」ことはしばしば自己中心的な動機に基づきますが、弱い「隣人を喜ばせる」ことは愛に基づきます。そして、後者の模範は、言うまでもなく、主イエス・キリストです。「**キリストもご自分を喜ばせることはなさいませんでした。**」そのような救い主の姿は、まさに「**あなた**（神）**を嘲る者たちの嘲りが、わたしに降りかかった**」（詩篇六九・九）と詩人が語るとおり、神と他者のために忍耐する姿でした。

実際、「かつて書かれたものはすべて、私たちを教えるために書かれました」。なぜなら、昔も今も神は同じであり、神の民もまた同じような状況に置かれるからです。「それは、聖書が与える忍耐と励ましによって、私たちが希望を持ち続けるためです。」そして、そのような「忍耐と励ましの（源である）神があなたがたに、キリスト・イエス（の模範）にふさわしく、互いに同じ思いを抱かせてくださいますように」とパウロは祈ります。「そうして、あなたがたが心を一つにし、声を合わせて、私たちの主イエス・キリストの父である神をほめたたえますように。」これが、キリストのからだである教会のゴールなのです。

＊　　＊　　＊

一　キリストの教会の一致について論じてきたパウロですが、罪人の集まりである教会に分裂をもたらすのは、その罪の本質である自己中心であり人間の高慢です。逆に、教会の一致をもたらすための秘訣は、謙遜と他者への思いやりなのです。そして、ここでも模範はイエス・キリストです。先にパウロはイエスの教えを引き合いに出しましたが（一四節）、ここではイエスの生涯に注目させます。このように、主イエスの教えと生涯については、様々な形で初代教会全体に伝えられていたようです（ルカ一・一―二、ピリピ二・六―

一一参照）。考えてみれば当たり前ですが、キリストの教会は、徹頭徹尾、キリストという土台の上にのみ築かれねばならないからです（Ⅰコリント三・一一）。

二　旧約聖書全体はイエス・キリストを指し示す書物（ルカ二四・二七参照）ですから、キリストに結び合わされた教会のための書物でもあります。初代教会は、実に（イエスの教えとともに）旧約聖書によって教えられ・戒められ・正され・義に導かれてきましたからです。旧約聖書には、千年をはるかに超える忍耐と慰めに満ちた神と民との歩みが記されています。その物語を学ぶことによって、私たちは、忍耐しつつ成長していく神の民の姿と、変わることのない神の救いの慰めと、確かな未来を確信することができるのです。（Ⅱテモテ三・一六）。旧新約の神がひとりであられるように、旧新約の民もまた一つだか

三　キリストがもたらしてくださった自由は、私たちに生きる喜びを与えるものです。しかし、その喜びよりさらにまさる喜びは、隣人を喜ばせることです。これは、人の顔色を見ながらご機嫌を取ることとは違います。人を恐れると罠にかかる（箴言二九・二五）。パウロはそのようなご機嫌取りを強く批判しています（ガラテヤ一・一〇）。そうではなく、ここでの喜びは、同じ主にある信仰者の中でも弱い人々を喜ばせること、様々な違いを乗り越えて、共に喜ぶことです。そして、そのような喜びは、何よりも教会の心と声を一つにして、神賛美へと向かわせます。本来、神を賛美などしない自己中心的な罪人であった者たち（ローマ一・二一）が、声を合わせて神をたたえるようになる。これこそがイエス・

キリストの福音の力に活かされる教会の姿です。

44　希望の神

〈ローマ一五・七―一三〉

「ですから、神の栄光のために、キリストがあなたがたを受け入れてくださったように、あなたがたも互いに受け入れ合いなさい。私は言います。キリストは、神の真理を現すために、割礼のある者たちのしもべとなられました。父祖たちに与えられた約束を確証するためであり、また異邦人もあわれみのゆえに、神をあがめるようになるためです。

『それゆえ、

私は異邦人の間であなたをほめたたえます。

あなたの御名をほめ歌います』

と書いてあるとおりです。また、こう言われています。

『異邦人よ、主の民とともに喜べ。』

さらに、こうあります。

『すべての異邦人よ、主をほめよ。

すべての国民が、主をたたえるように。』

さらにまたイザヤは、

『エッサイの根が起こる。

異邦人を治めるために立ち上がる方が。異邦人はこの方に望みを置く』

と言っています。どうか、希望の神が、信仰によるすべての喜びと平安であなたがたを満たし、聖霊の力によって希望にあふれさせてくださいますように。」

教会にいる強い者と弱い者という問題を扱ってきたパウロは、ここで一気に議論をユダヤ人と異邦人の問題へと広げ、すべての民を神賛美へと招かれる壮大な神の救いの計画を想起させます。こうして、一章一六節から語り始められた、この手紙の本論が締めくくられます。

*　*　*

イエス・キリストの模範にならって、教会の強い者も弱い者も同じ思いとなり、神をほめたたえる（＝神に栄光を帰す）ようにと促したパウロは、その「**神の栄光のために**、**キリストがあなたがたを受け入れてくださった**」という救いの事実に注目させます。そして、その事実に基づいて、単に強い者が弱い者をという一方通行ではなく、「**あなたがたも互**

いに受け入れ合いなさい」と、キリストの教会の本質的なあり方を述べるのです。

こうして今や「私は言います」と、腰の帯を締め直すようにして、パウロはこの手紙を通して明らかにしてきた神の救いの全貌を語ります。「キリストは、神の真理（＝真実）を現すために、割礼のある者たちのしもべ（＝仕える者）となられました。」ユダヤ人と言わずに「割礼」に言及したのは「父祖たちに与えられた約束を確証する」という神の真実を強調するためです（ローマ九・四―五参照）。

しかも、イエス・キリストを通して現されたこの神の救いは、「異邦人もあわれみのゆえに、神をあがめるようになる」ことをも含む壮大な計画なのでした。これが、パウロが語ってきた福音です。パウロは、すでに九章から一一章にかけて論じたように、異邦人の救いについての旧約聖書のことばを、今一度、三つの引用とイザヤ書のメシア預言から紹介します。


「それゆえ、私は異邦人の間であなたをほめたたえます。あなたの御名をほめ歌います」（［ギリシア語］Ⅱサムエル二二・五〇／詩篇一八・四九）。

「異邦人よ、主の民とともに喜べ」（［ギリシア語］申命三二・四三）。

「すべての異邦人よ、主をほめよ。すべての国民が、主をたたえるように」（詩篇一一七・一）。

「エッサイの根が起こる。異邦人を治めるために立ち上がる方が。

異邦人はこの方に望みを置く」（[ギリシア語] イザヤ一一・一〇）。

そうして、まさにその「**希望の神が、信仰によるすべての喜びと平安であなたがた**（ユダヤ人・異邦人双方）**を満たし、聖霊の力によって希望にあふれさせてくださいますように**」との祈りをもって、パウロは全体の議論を締めくくります。

＊　＊　＊

一　パウロが最後に言及した旧約聖書（ギリシア語訳から）の引用は、ただ何の考えもなしに並べられているのではありません。最初の引用は、サムエル記の最後を締めくくる歌で、このダビデの賛美に応えるように、「主は……油注がれた者（＝キリスト）……に、とこしえに恵みを施されます」ということばが続くのです（Ⅱサムエル二二・五一）。次の申命記三二章は、これまでもたびたび引用された（ローマ一〇・一九、一二・一九など）大切なモーセの歌の最後のことば。そして、詩篇一一七篇は、最も短い、しかし文字どおりすべての民が主をたたえるようにと呼びかける力強い詩篇です。こうして、律法（申命記）・預言者（サムエル記）・詩篇という旧約聖書全体から、異邦人の〝間〟での賛美が、主の民と〝ともに〟の賛美となり、最後は異邦人自身〝が〟賛美する者となる、という神の導きが巧みに表現されています。

二　それらに加えて引用されるイザヤ書の有名なメシア預言は、まさにパウロの福音の核心と深く結びついた預言です。「エッサイの根」とは言うまでもなくダビデの子孫のことですが、その方は地に平和をもたらし（イザヤ一一・一―一〇）、ご自分の民イスラエルを回復し（同一一・一一―一六）、救いの喜びを諸国民に現される方（同一二・一―六）だからです。このダビデの子孫から生まれたお方（ローマ一・三）こそ、平和の源であり（一・七ほか）、ユダヤ人をはじめギリシア人にも、信じる者すべてに救いの喜び（福音）をもたらす方（一・一六）です。

三　パウロは、このメシアによってもたらされる福音のエッセンスを、希望・信仰・喜び・平和ということばを連ねて表現しています。それらは、信じる者たちに聖霊によって与えられる恵みです（ローマ五・一―五）。これらのことばは、すべて一体的で、キリストによって成し遂げられた神と私たちの関係からあふれ出る恵みを表しています。それはまた、いつの時代でも、この世の悲惨を生きる人間が求めることばでもあるでしょう。特に「希望」ということばで締めくくっているのは、地上の教会の歩みが、常に途上にあるものだからです。福音は、キリストにある喜びと平和をもたらしましたが、いまだ完成はしていません。私たち地上を歩む教会は、どんな時代状況の中でも、いつも確かな希望をもちつつ、心を高く上げて歩みます。なぜなら、私たちが信ずる神こそが、尽きることのない「希望の神」だからです。

45 パウロの務め

〈ローマ一五・一四―二一〉

「私の兄弟たちよ。あなたがた自身、善意にあふれ、あらゆる知識に満たされ、互いに訓戒し合うことができると、この私も確信しています。ただ、あなたがたにもう一度思い起こしてもらうために、私は所々かなり大胆に書きました。私は、神が与えてくださった恵みのゆえに、異邦人のためにキリスト・イエスに仕える者となったからです。私は神の福音をもって、祭司の務めを果たしています。それは異邦人が、聖霊によって聖なるものとされた、神に喜ばれるささげ物となるためです。

ですから、神への奉仕について、私はキリスト・イエスにあって誇りを持っています。私は、異邦人を従順にするため、キリストが私を用いて成し遂げてくださったこと以外に、何かをあえて話そうとは思いません。キリストは、ことばと行いにより、また、しるしと不思議を行う力と、神の御霊の力によって、それらを成し遂げてくださいました。こうして、私はエルサレムから始めて、イルリコに至るまでを巡り、キリストの福音をくまなく伝えました。

このように、ほかの人が据えた土台の上に建てないように、キリストの名がまだ語られていない場所に福音を宣べ伝えることを、私は切に求めているのです。こう書かれているとおりです。

『彼のことを告げられていなかった人々が
見るようになり、
聞いたことのなかった人々が
悟るようになる。』」

ここからパウロは、ちょうど手紙の最初の部分（一・八―一五）のように、ローマ教会の人々に親しく語りかける口調で、この手紙を書いた個人的な経緯や思いについて記していきます。それだけに、私たちは再び、一人の信仰者また伝道者としてのパウロの姿勢を垣間見ることができるでしょう。

*　*　*

〝信仰によるすべての喜びと平安であなたがたが満たされるように、希望にあふれるように〟との祈りをもって議論を締めくくったパウロですが、それは決してローマ教会の人々にそれらが欠けているということではないと、誤解を正すように「**私の兄弟たちよ。**

あなたがた自身、善意にあふれ、あらゆる知識に満たされ、互いに訓戒し合うことができると、この私も確信しています」と語りかけます。このパウロの確信は、一方ではすでに広く知れ渡っていたローマ教会の評判（ローマ一・八）、他方では（一六章で言及される）ローマ教会にいるパウロの知り合いの存在と彼らからの情報に基づくものでしょう。

「ただ、あなたがた（兄弟たち）にもう一度思い起こしてもらうために、私は所々かなり大胆に書きました」と、パウロは自分の文章に多少なりとも誇張があったことを明らかにします。この説明は、直接的には一四章における（強い人・弱い人についての）議論を指していると思われますが、福音を際立たせるために手紙全体にわたってパウロが用いた力強いレトリックにもあてはまるでしょう。

しかし、それは決して単なる文章表現の問題なのではありません。「私は、神が与えてくださった恵みのゆえに、異邦人のためにキリスト・イエスに仕える者」であり、「祭司の務めを果たす」という彼の使命（ローマ一・五）に基づくものです。その務めの手段は「神の福音」であり、その目的は「異邦人が、聖霊によって聖なるものとされた、神に喜ばれるささげ物となるため」だからです（ローマ一二・一）。

このような「神への奉仕（＝神に関わること）について、私はキリスト・イエスにあって誇りを持っています」と語りますが、その誇りはパウロ自身に帰されるものではありません。「私は、異邦人を従順にするため、キリストが私を用いて成し遂げてくださったこ

と以外に、何かをあえて話そうとは思いません。キリストは（パウロたちの）**ことばと行いにより、また、しるしと不思議を行う力と、神の御霊の力によって、それらを成し遂げてくださいました」**と言われるとおりです。そうして、パウロは（使徒の働きにも描かれているように）**「エルサレムから始めて、イルリコ**（ギリシア半島北西地域）**に至るまでを巡り、キリストの福音をくまなく伝えた**（＝満たしてきた）**」**のでした。

しかも、キリストから自分に託された使命として、パウロがひたすら心がけてきたのは**「ほかの人が据えた土台の上に建てないように、キリストの名がまだ語られていない場所に福音を宣べ伝えること」**でした（Ⅱコリント一〇・一二―一六参照）。それは、まさに**「彼のことを告げられていなかった人々が見るようになり、聞いたことのなかった人々が悟るようになる」**（イザヤ五二・一五）ためです。

＊　　＊　　＊

一　パウロの手紙の魅力の一つは、キリストの福音に対する深い理解と情熱を効果的に伝えるレトリックの力にあります。学者の論文には厳密さが要求されるでしょうが、福音の伝達のためには、ときに大胆とも言えるインパクトが必要です。それによって読者の心の中に〝福音〟が形づくられていくためです。とはいえ、まだ出会ったこともない人々に対して少々礼を失したかもしれないと案じたのでしょう。ローマ教会がすでに成熟した教会であることを素直に称賛しています。これは決して単なるお世辞ではなく、「互いに相手をすぐれた者として尊敬し合いなさい」（ローマ一二・一〇）という姿勢の現れです。キリストの福音のためには、ときに大胆に、ときには相手を思いやって繊細に、そして時には素直に相手の長所を称賛する。これが、パウロの手紙のもう一つの魅力です。

二　パウロは自分の働きを、異邦人を神に喜ばれるささげ物とするためにキリストに仕える「祭司の務め」と呼んでいます。これはたいへん興味深い喩《たと》えです。旧約律法によるささげ物を整えることは、ある意味で簡単でしょう。ふさわしい物を選《え》り分ければいいからです。しかし、福音によるささげ物は、すべての人――しかも全く神にふさわしくない罪人――を、神に喜ばれるものに造り変えていく必要があるのです。この働きは、何よりも神の福音、そして聖霊による働きなくして成し遂げられません。パウロは、それを〝私を用いたキリストの働き〟とも呼んでいます。つまり教会は、奉仕者たちを用いつつも、神とキリストと聖霊が生み出し、導き、整える共同体なのです。『使徒信条』の中で告白される「教会を信ず」とは、罪人の集団を信じることでも牧師たち奉仕者を信じることでもなく、教会の中に働かれる父・子・聖霊なる神を信じることにほかなりません。

三　パウロは、未開拓の地での伝道を自己の使命としていました。それは必ずしも、すべての伝道者に求められていることではありません。教会形成は共同作業だからです（Ⅰコリント三・六―八参照）。それにもかかわらず、パウロがそのような特別な使命を自分に課していたのは、イザヤ書五二章のことば（〝聞いたことのなかった人々〟のため）によると言われます。この引用は重要です。なぜなら、それは、続く五三章に語られる〝苦難のしもべ〟を導入することばだからです。つまり、パウロは（自分自身を〝苦難のしもべ〟に重ねて）、いまだかつてだれ一人思いも寄らなかった神の御子の〝十字架の福音〟をすべての人に伝えること、そしてそのために苦しむことが自分の使命と理解していたのではないでしょうか（使徒九・一六、コロサイ一・二四）。しかし、そのような神の驚くべき愛の福音のための労苦は、パウロにとっても、そして私たちにとっても限りない喜びの源なのです（ピリピ二・一七）。

46 祈ってください

〈ローマ一五・二二―三三〉

「そういうわけで、私は、あなたがたのところに行くのを何度も妨げられてきました。しかし今は、もうこの地方に私が働くべき場所はありません。また、イスパニアに行く場合は、あなたがたのところに立ち寄ることを長年切望してきたので、旅の途中であなたがたを訪問し、しばらくの間あなたがたとともにいて、まず心を満たされてから、あなたがたに送られてイスパニアに行きたいと願っています。

しかし今は、聖徒たちに奉仕するために、私はエルサレムに行きます。それは、マケドニアとアカイアの人々が、エルサレムの聖徒たちの中の貧しい人たちのために、喜んで援助をすることにしたからです。彼らは喜んでそうすることにしたのですが、聖徒たちに対してそうする義務もあります。異邦人は彼らの霊的なものにあずかったのですから、物質的なもので彼らに奉仕すべきです。それで私はこのことを済ませ、彼らにこの実を確かに渡してから、あなたがたのところを通ってイスパニアに行くことにします。あなたがたのところに行くときは、キリストの祝福に満ちあふれて行くことになると分かっています。
兄弟たち。私たちの主イエス・キリストによって、また、御霊の愛によってお願いします。私のために、私とともに力を尽くして、神に祈ってください。私がユダヤにいる不信仰な人々から救い出され、エルサレムに対する私の奉仕が聖徒たちに受け入れられるように、また、神のみこころにより、喜びをもってあなたがたのところに行き、あなたがたとともに、憩いを得ることができるように、祈ってください。どうか、平和の神が、あなたがたすべてとともにいてくださいますように。アーメン。」

個人的な事情について語りだしたパウロは、自分に与えられた使命とこれまでの働きについて思い巡らしました。ここでは、今後の働きについての自分の計画を伝え、とりわけエルサレム訪問のために祈ってほしいと訴えます。

＊　＊　＊

いまだ福音が宣べ伝えられていない地域のために労し続けてきたために、すでに教会のあるローマへの訪問はどんどん後回しになり、これまで「**何度も妨げられて**」きたという事情が再び語られます（ローマ一・二三）。「**しかし今は、もうこの地方に私が働くべき場所**」をもってはおらず「**あなたがたのところに立ち寄る**」という長年の切望をもっているのだ（直訳）と、今の思いを吐露します。そして、「イスパニア（スペイン）に行く」際に「旅の途中であなたがたを訪問し、しばらくの間あなたがたとともにいて、まず心を満たされてから、あなたがたに送られてイスパニアに行きたい」というのが、パウロの計画でした。

そのような願いを強くもち、ローマまでさほど遠くない場所にいながら、「しかし今は、聖徒たちに奉仕するために、私はエルサレムに行きます」と、このたびもローマ行きはかないません。しかもそれは、新たな伝道地に赴くためではなく、ピリピやテサロニケのある「マケドニア」と、コリントのある「アカイア」の信徒たちが「エルサレムの聖徒たちの中の貧しい人たちのために、喜んで援助をすることにした」、その献金を届けるためです。

この献金について、パウロは「彼らは喜んでそうすることにしたのですが、聖徒たちに対してそうする義務もあります」と述べます。というのも、異邦人は、パウロたちの宣教の働きを通してエルサレムにいる使徒たちに託された福音という「霊的なものにあずかったのですから、（せめて献金という）物質的なもので彼らに奉仕すべき」だからです。

「それで私はこのことを済ませ、彼らにこの実を確かに渡して（＝封印して）」これまでの働きに一区切りつけてから、「あなたがたのところを通ってイスパニアに行くことにします。あなたがたのところに行くときは、キリストの祝福に満ちあふれて行くことになると分かっています」。しかしながら、他方で、パウロの心のうちには、大きな不安もありました。

「兄弟たち。私たちの主イエス・キリストによって、また、御霊の愛によってお願いします」とパウロは懇願します。〝私のために神に祈ることにおいて、私とともに戦ってください〟（直訳）と。何を祈るのかといえば、「私がユダヤにいる不信仰な人々から救い出され、エルサレムに対する私の奉仕が聖徒たちに受け入れられるように」、そして「神のみこころにより、喜びをもってあなたがたのところに行き、あなたがたとともに、憩いを得ることができるように」ということです。そうして、戦いを憩いに変えてくださる神に、パウロ自身が祈ります。「どうか、平和の神が、あなたがたすべてとともにいてくださいますように。アーメン」と。

＊　＊　＊

――パウロという伝道者は、何の計画もなく伝道してきた人ではありませんでした。「もうこの地方に私が働くべき場所がない」とは、文字どおりすべての町を訪ねたということではなく、主要な町に教会を築くことによってその地方一帯の伝道が進むことを期待しての発言です。そうして次は、ローマを経て、西の果てのスペインにまで行こうと計画したのです（その後、南下してアフリカ北部を東進して帝国全体を制覇するつもりだったのではないかと想像する研究者もいます）。しかし、パウロのこの壮大な計画は、彼が考えたようにはいきませんでした。ローマ訪問は実現しましたが、囚人として、しかも九死に一生を得てのことでした（使徒二七―二八章参照）。しかしまた、そのような計画を立てなければ、この手紙も書かれなかったことでしょう。「人の心には多くの思いがある。しかし、主の計画こそが実現する」（箴言一九・二一）のです。

二　エルサレム教会の「聖徒たち」とは、初代教会の礎を築いたユダヤ人キリスト者たちです。その中の「貧しい人たち」とは、単に生活の手段をもたないというよりも、迫害によって生活手段を奪われた人々、あるいは〝祈りとみことばの奉仕〟（使徒六・四）に専念している人々のことでしょう。彼らから巡り巡って、福音は異邦人にまで伝えられたのでした。そのような霊的祝福への感謝のしるしとして物質的なささげ物をすることの大切さを、パウロは繰り返し教えています（Ⅰコリント九・一一、Ⅱコリント八―九章、ガラテヤ六・六等）。パウロはそれを、「援助」や「参与」と訳されている〝コイノニア（交わり）〟という概念で表現しています。教会における献金は、単なるお金のやりとりではありません。ささげる者も受ける者も、一つのキリストの祝福にあずかっていることのしるしなのであり、それによって教会の一体性は現されるのです。

三　パウロは、ユダヤ人と異邦人双方のキリスト者の一致という大きな祝福に包まれてローマに行くことを切望していますが、事柄はそれほど単純ではないことも知っていました。エルサレムのユダヤ人たちがパウロの命を狙っており（使徒九・二九）、ユダヤ人キリスト者たちでさえパウロの言動に対して疑いを抱いていたからです（ガラテヤ二章や使徒一五章など）。はたして無事にエルサレム訪問を終えられるか、パウロ自身が不安に苛まれていました。パウロは、いまだ会ったこともないローマの信徒たちに、祈りの〝戦い〟を共にしてくれるようにと願うのです。十字架を前に祈りの戦いをされたイエス・キリストと、苦難を希望へ変えてくださる聖霊の愛によって。主はひとりでその戦いを戦われましたが、私たちは祈りにおいて、苦しみの中にいる全世界の兄弟姉妹たちとともに戦うことができます。平和の神が、やがて憩いのときを与えてくださることを信じて。

47　女性たちの働き

〈ローマ一六・一―五a〉

「私たちの姉妹で、ケンクレアにある教会の奉仕者であるフィベを、あなたがたに推薦します。どうか、聖徒にふさわしく、主にあって彼女を歓迎し、あなたがたの助けが必要であれば、どんなことでも助けてあげてください。彼女は、多くの人々の支援者で、私自身の支援者でもあるのです。

キリスト・イエスにある私の同労者、プリスカとアキラによろしく伝えてください。二人は、私のいのちを救うために自分のいのちを危険にさらしてくれました。彼らには、私だけでなく、異邦人のすべての教会も感謝しています。また彼らの家の教会によろしく伝えてください。」

ローマ人への手紙の最後の一章の前半には、多くの人の名前が出てきます。パウロがぜひともローマ教会に紹介したい人々、またローマ教会にすでにいる人々の名前です。その一人ひとりの背後にどのようなドラマがあったのか、ほとんど分かりません。しかし、こうして今日まで名前が残されている人々に、私たちもまた思いを寄せてみましょう。そうすることで、当時のキリスト者たちの姿が浮かび上がってくるはずです。

*　*　*

最初に紹介されるのは「**フィベ**」という女性です。この女性は、パウロのみならず後に（二一節以降で）言及されるパウロの仲間たちも含めた「**私たち**」みなにとって、同じ主イエス・キリストに結ばれた「**姉妹**」です。

フィベは、ギリシア半島南端の港町「**ケンクレアにある教会の奉仕者**（執事）」でした。パウロはこの女性をローマ教会の人々に「**推薦**」していますが、それはおそらく、彼女がこの書簡をローマ教会に届ける務めを担っていたからです（IIコリント三・一、使徒一五・二三、三〇参照）。ですから、どうか女性という見た目で判断することなく「**聖徒にふさわしく、主にあって彼女を歓迎し、あなたがたの助けが必要であれば、どんなことでも助けてあげてください**」（ローマ一二・一三参照）と願うのです。というのも、彼女は、おそらくはリディアのような商人（使徒一六・一四）で、ケンクレアの教会をはじめとする多くの人々、そして特にパウロを物心両面にわたって支えていた「**支援者**」だったからです。

次に、パウロは、すでにローマ教会にいる知り合いの名前を挙げて、挨拶を送ります。その筆頭に挙げられるのが「**プリスカとアキラ**」夫妻です。この夫妻は、新約聖書の中でたびたび言及される人々です（Ⅰコリント一六・一九、Ⅱテモテ四・一九。使徒一八・二、一八、二六の「プリスキラ」は愛称）。彼らはもともとローマにいましたが、夫のアキラがユダヤ人であるために、クラウディウス帝によるユダヤ人退去令（四九年）によってローマからコリントに移住。その町で伝道をしていたパウロと出会いました（使徒一八・二―三）。パウロとは天幕作りを生業《なりわい》とする〝同業者〟でしたが、以後キリスト・イエスに結ばれたパウロの「**同労者**」となって、パウロたちの働きや諸教会を様々な形で支え続けました。

それだけではありません。おそらくはエペソで（Ⅰコリント一五・三二参照）、パウロの「**いのちを救うために自分のいのちを危険にさらして**（＝自分の首を差し出して）**くれ**」た夫妻なのです。その意味でも、彼らに対しては、パウロだけでなく、「**異邦人のすべての教会も感謝しています**」。なぜなら、パウロがいなければ、そもそも伝道も教会形成もなされなかったでしょうから。

ローマに戻ったこの夫妻は、そこでもやはり自宅を開放して、集会をもっていたようです。パウロは「**彼らの家の教会**（の人々）**によろしく伝えてください**」と記しています。

＊　　＊　　＊

一　「教会」ということばが、この手紙で初めて出てきます。すっかり定着した訳語なのでやむをえませんが、この訳語は二つの点で誤解を与えるのではないかと危惧します。

一つは、何かを〝教える所〟という誤解（原語には〝教える〟という意味はない）。もう一つは、教会堂という建物をイメージさせてしまうことです（キリスト教専用の会堂は四世紀以降）。「教会」の原語〝エクレシア〟は、単純に〝集会〟という意味です。初代教会時代のキリスト者たちは、多くの場合、大小様々な信者の「家」に集まって集会をもっていました。ですから、ローマ教会も、この後に何度か言及されるいくつかの家庭集会の集合体だったのです。このような諸集会が、それにもかかわらずキリストの一つの「からだ」（ローマ一二・五）として一致を保ち続けることが、初代教会の大きな特徴であり、課題でした。

二　フィベは「奉仕者」と紹介されています。原語は〝ディアコノス〟で、一般的な「奉仕者」と訳すか、役職としての「執事」と訳すか、初代教会における教会制度をどのように考えるかによります。しかし、大切なのは、制度よりも実際の働きです。彼女が後の執事と同様の（あるいはそれ以上の）働きをしていたことに違いはないでしょう。おそらくは、群れの中にいる高齢者や病弱者や貧しい人々へのケアなど、主イエスのしもべとして、教会の様々なニーズに、自腹を切って応えるような働きをしてきたのでしょう。さらに、パウロのような伝道者たちの働きをも物心両面にわたって支えるという、教会の指導的な役割（「支援者」は〝前に立つ者〟の意）を担ってきたようです。初代教会における信徒の働きは、後の教会制度から類推するのではなく、ただ主の福音のために自分がなし得ることで精いっぱい奉仕した、彼らの姿勢から理解すべきでしょう。

三　初代教会の働きで顕著なことは、女性たちの働きです。フィベという一人の女性が、パウロたちの代表として、パウロの手紙を携えてローマ教会に派遣されたということは驚くべきことです。どれほど大きな信頼を寄せられていたことか。また、プリスカとアキラ夫妻も、しばしばプリスカの名前が最初に述べられるのは、実際にプリスカの働きが目立っていたからでしょう。有能な伝道者アポロの説教を聞いただけで、さらに正確に教え諭すほど（使徒一八・二六）知的にも霊的にもすぐれた賜物をもっていた人物だったと思われます。社会的に決して優遇されていたわけではない女性たちが、教会では活き活きと働き、かつ重んじられていたことがよく分かります。まさに「主にあって」は、男も女もないのです（ガラテヤ三・二八）。多種多様の人々から成り、各地に点在していた集会がなおも一つの体であり得たのは、彼女たちのような働き人がいたからです。

〔※初期キリスト教における伝道者や集会場所、また教会制度などについては、拙著『キリスト教の〝はじまり〟～古代教会史入門』（いのちのことば社）を参照。〕

48　聖なる口づけ

〈ローマ一六・五b―一六〉

「キリストに献げられたアジアの初穂である、私の愛するエパイネトによろしく。あなたがたのために非常に労苦したマリアによろしく。私の同胞で私とともに投獄されたアンドロニコとユニアによろしく。二人は使徒たちの間でよく知られており、また私より先にキリストにある者となりました。主にあって私の愛するアンプリアトによろしく。キリストにある私たちの同労者ウルバノと、私の愛するスタキスによろしく。キリストにあって認められているアペレによろしく。アリストブロの家の人々によろしく。私の同胞ヘロディオンによろしく。ナルキソの家の主にある人々によろしく。主にあって労苦している、トリファイナとトリフォサによろしく。主にあって非常に労苦した愛するペルシスによろしく。主にあって選ばれた人ルフォスによろしく。また彼と私の母によろしく。アシンクリト、フレゴン、ヘルメス、パトロバ、ヘルマス、および彼らとともにいる兄弟たちによろしく。フィロロゴとユリア、ネレウスとその姉妹、またオリンパ、および彼らとともにいるすべての聖徒たちによろしく。

あなたがたは聖なる口づけをもって互いにあいさつを交わしなさい。すべてのキリストの教会が、あなたがたによろしくと言っています。」

ローマ教会にいるパウロの知り合いたちへの挨拶の続きです。ここに名を連ねている人々は、ほとんどここにしか名前が出てこない人々なので、その素性の詳細は分かりません。しかし、それぞれの人々を説明することばが一言ずつ添えられていますので、そのことばを頼りに信仰者としての彼らの姿を思い描いてみましょう。

＊　　　＊　　　＊

「**エパイネト**（ギリシア名で〝称賛に値する人〟の意）」は、まさにその名のとおり、「**キリストに献げられた**（トルコ半島西端の）**アジアの初穂**」です。おそらくは、パウロが第二回伝道旅行で訪れたエペソ（使徒一八・一九）で最初にキリストに導かれ、その後ローマに移ったのでしょう。この人を皮切りに多くの人がアジア州で〝収穫〟されましたが、パウロにとっては思い出深い人で、そしてその後もずっと忠実に信仰生活を続けて、「**私の愛する**」兄弟としての交わりが続いていたのでしょう。

聖書に何人も登場する「**マリア**」の一人ですが、この人は、ローマ教会の「**あなたがたのために非常に労苦した**」人です。今はもう歳を重ねた人かもしれませんが、おそらくローマ教会の草創期に多くの労苦をしてくれた人として紹介されます。

「**アンドロニコとユニア**」は、夫婦か兄妹でしょう。パウロの「**同胞**（または親族）」と言われますから、同郷か、ひょっとすると同じ部族・親族なのかもしれません。彼らは、何度も投獄された（IIコリント一一・二三）パウロとともに「**投獄された**」ことがあるだけでなく、キリストの復活の証人（Iコリント一五・七参照）となった「**使徒たち**」の間でよく知られている人たちでした。それというのも、パウロよりも「**先にキリストにある者**」となった人たちだからです。

「**アンプリアト**」は、単にパウロと気が合うというのではない「**主にあって私の愛する**」者です。「**ウルバノ**」は、「**キリストにある私たちの同労者**」。「**スタキス**」も「**私の愛する**」弟子でした。「**アペレ**」は、世の中での地位はともかく、「**キリストにあって認められている**」正真正銘のキリスト者です。ヘロデ・アグリッパ王の兄弟との説がある「**アリストブロ**」がキリスト者であったかどうか不明ですが、彼の「**家の**（集会の）**人々**」をパウロはみな知っていました。「**ヘロディオン**」もパウロの「**同胞**」ですが、名前からしてヘロデ家と何らかのつながりがあるかもしれません。「**ナルキソ**」は、クラウディウス帝時代に一躍有名になった自由人と言われています。この人の家の人々の中で「**主にある人々**」をパウロは知っていました。同じような名前の「**トリファイナ**（〝快楽〟）と**トリフォサ**（〝優美〟）」は実の姉妹と思われますが、名前とは裏腹に「**主にあって労苦してい**

る」女性たちです。他方、かつて「主にあって非常に労苦した」女性が「ペルシス（＝ペルシアの女性）」です。名前からして、彼女はペルシア出身の解放奴隷かもしれません。いずれにせよ、愛すべき（おそらくは年輩の）姉妹です。

「ルフォス」が「主にあって選ばれた人」と呼ばれているのは、おそらく、主イエスの十字架を無理やり担わされたあのクレネ人シモンの息子だったからでしょう（マルコ一五・二一）。そして、ルフォスと同居している母親をパウロは、「彼と私の母」と呼んでいます。いつの時点でか分かりませんが、パウロが家族同然に世話になったことがあったのでしょう。

次に列挙される人々は、二つの集会に集っているメンバーでしょうか。「アシンクリト、フレゴン、ヘルメス、パトロバ、ヘルマス」、そして彼らのほかにも何人かの「兄弟たち」がいることを、パウロは知っています。もう一つのグループは、おそらく夫婦の「フィロロゴとユリア」を中心とした家の集会で、彼らの子らと思われる「ネレウスとその姉妹、またオリンパ、および彼らとともにいるすべての聖徒たち」に、パウロは挨拶を送ります。

こうして、パウロが知り合いたちに親しく挨拶を送ったように、あなたがたも「聖なる口づけをもって互いにあいさつを交わしなさい」と命じます。そして、これまでパウロが訪ねてきた諸教会を代表して、「すべてのキリストの教会が、あなたがたによろしくと言っています」と、ローマの諸集会とのキリストにある一致を強調するのです。

＊　＊　＊

一　仮に、パウロがいまだユダヤ教徒で、ローマにあるユダヤ教の会堂（シナゴグ）に挨拶を送ったとしたら、決してこのような名前の順番にはならなかったのではないかと想像します。おそらくは、会堂司から始まって、名家・名門の人々や律法の教師（ラビ）たちの名前、しかも男性ばかりの名前が連ねられたのではないでしょうか。しかし、ここに並べられている人々の名前は、どのような順序なのか分かりませんが、おそらく当時のローマ教会の人たちが読んだときに、だれもが納得できる順序だったのだと思われます。そしてそれは、男性ばかりではない。民族ごとでもない。肩書きもない。ただ、福音のため、その共同体のためにひたすら労苦してきた人々。何よりキリストにあって共に労苦しながら生きる仲間たちのリストです。キリストの教会では何が重んじられるのか、何が大切なのかをこのリストは示していると思います。

二　パウロが一人ひとりを説明することばから、初代教会がどんなに多くの人々の豊かな物語から成っていたことかを知らされます。ここに列挙された人々は、決して自分を誇りはしなかったでしょうから、ローマ教会の人々でさえ名前しか知らないということもあったのではないでしょうか。男女や年齢に関わらず一人ひとりに神が与えてくださった賜物があり、それがどのように活かされてきたのかをきちんと評価する目と心をパウロはもっていました。たとい毎週集まっていても名前も知らなければ、ましてその人がどのような人であるかも知らないことがあります。悪くすると関心さえもたない。しかし、キリストのからだの中で不要な部分などありません。その一人ひとりに主が与えてくださった賜物と、生涯の中で果たされてきたことがあるのです。主にある兄弟姉妹たち一人ひとりの物語に関心をもちましょう。そして、その恵みに感謝しましょう。

三　親しい間柄で互いに頬を寄せて口づけをする習慣は、今でも見られます。これは、古くから広く行き渡っていた習慣です（たとえば、創世二七・二七ほか）。しかし、パウロが奨める「聖なる口づけ」とは、単なる挨拶ではなく、信仰者同士の挨拶です（Ⅰコリント一六・二〇ほか）。かつて、十二使徒の一人であったユダがイエスを裏切ったような口づけ（マルコ一四・四五）ではなく、互いに主イエスに結ばれた者同士であること、相手の身分や民族に関わらず、それらの違いや差別や偏見を超えた兄弟姉妹であることのしるしです。この習慣は、古代教会でも聖餐式の前に行われていたようです（ユスティノス『第一弁明』六五・二）が、やがて〝平和の挨拶〟として引き継がれました。いずれの場合も意味は同じです。主に結ばれた者たちが、互いへの敬意と愛をもって、自分たちがキリストの一つのからだであることを表すしるしなのです。

49　善にはさとく、悪にはうとく

〈ローマ一六・一七―二三〉

「兄弟たち、私はあなたがたに勧めます。あなたがたの学んだ教えに背いて、分裂とつまずきをもたらす者たちを警戒しなさい。彼らから遠ざかりなさい。そのような者たちは、私たちの主キリストにではなく、自分の欲望に仕えているのです。彼らは、滑らかなことば、へつらいのことばをもって純朴な人たちの心をだましています。あなたがたの従順は皆の耳に届いています。ですから、私はあなたがたのことを喜んでいますが、なお私が願うのは、あなたがたが善にはさとく、悪にはうとくあることです。平和の神は、速やかに、あなたがたの足の下でサタンを踏み砕いてくださいます。どうか、私たちの主イエスの恵みが、あなたがたとともにありますように。

私の同労者テモテ、また私の同胞、ルキオとヤソンとソシパテロが、あなたがたによろしくと言っています。この手紙を筆記した私テルティオも、主にあってあなたがたにごあいさつ申し上げます。私と教会全体の家主であるガイオも、あなたがたによろしくと言っています。市の会計係エラストと兄弟クアルトもよろしくと言っています。」

ローマ教会が麗しい交わりを保つようにと述べたパウロは、その交わりを損なうような危険を思い起こしたのでしょう。それについての警告と励ましを付け加えます。そのうえで再び、今度はパウロとともにいる人々からの挨拶を記すのです。なお、二四節は、信頼できる写本の本文にないため、「新改訳2017」等では省略されています。

＊　　＊　　＊

ローマ教会にいる知り合いたちに親しく挨拶を記してきたパウロは、一転して厳しい口調になって、「**兄弟たち、私はあなたがたに勧めます**」と、警告を語ります。彼らがすでにパウロ以前から知っており、またこの書簡を通して「**あなたがたの学んだ教え**」に背いて「**分裂とつまずきをもたらす者たちを警戒しなさい。彼らから遠ざかりなさい**」と。パウロはここで、ガラテヤやコリントの教会に生じたようなトラブルを思い起こしたのかもしれません。「**そのような者たちは、私たちの主キリストにではなく**」、たとえば名誉欲や支配欲などの「**自分の欲望**（＝腹）**に仕えているのです**」。教会がなぜそれを見抜けないかといえば、そのような人々が一見それとは分からない「**滑らかなことば、へつらいのことばをもって純朴な人たちの心をだまして**」いるからです。

信徒たちが純朴で素直であればあるほど、だまされる危険性も高くなります。パウロがローマの信徒たちを心配する理由も分かります。というのも、「あなたがたの従順は皆の耳に届いて」いるからです（ローマ一・八参照）。「ですから、私はあなたがたのことを喜んでいますが、なお私が願うのは、あなたがたが善にはさとく、悪にはうとくあることです。」そうして、イエス・キリストの福音にとどまり続けるならば、「平和の神は、速やかに、あなたがたの足の下でサタンを踏み砕いてくださいます」。そのためにも、パウロは祈るのです。「どうか、私たちの主イエスの恵みが、あなたがたとともにありますように」と。

こうして、パウロは再び挨拶へと戻ります。今度は、今パウロとともにいる人々からです。「私の同労者テモテ（使徒一六・一）、また私の同胞、ルキオ（使徒一三・一）とヤソン（使徒一七・五）とソシパテロ（使徒二〇・四）が、あなたがたによろしくと言っています。」また、たいへん珍しいことですが、パウロのことばを口述筆記した「テルティオ」自身が手ずから挨拶を記しています。最後に、おそらくパウロたち一行がコリント（またはケンクレア）でお世話になっていたであろう「家主であるガイオ（Ⅰコリント一・一四）」、そして「市の会計係エラスト（使徒一九・二二）と兄弟クアルト」からも挨拶を送ります。

＊　　＊　　＊

一　いくつもの集会に分かれていた当時の教会に限らないことですが、教会はそれを指導する人々によって大きな影響を受けます。働き人も人間ですから、その人の容貌も賜物も性格も全く異なります。しかし、パウロが何よりも重要視するのは、言うまでもなく「教え」です。牧師や伝道者たちが何を「教え」ているかによって、教会は立ちも倒れもするからです。「あなたがたの学んだ」とパウロが過去形で書いているように、初代教会には共有されていた「教え」がありました（ローマ六・一七参照）。もちろん、教える人によって強調点や教え方の多様性はあったでしょうが、その中心にあるのは、イエス・キリストの福音です。パウロはその福音を確証するために、この手紙を記してきたと言ってよいでしょう。それは決して人間の浅はかな「滑らかなことば、へつらいのことば」などではない、私たち人間に神の救いをもたらす真実なことばです。

二　従順であることはきわめて大切な信仰者の姿勢ですが、何（だれ）に対して従順かが問題です。それを見分けるために「善にはさとく、悪にはうとく」とパウロは勧めるのですが、では何が善で、何が悪なのでしょうか。パウロのことばに即していえば、教会に「分裂とつまずき」をもたらすもの、また「自分の欲望（支配欲・名誉欲等）」によって他者をコントロールしようとするものが悪です。換言すれば、キリストの福音の喜びから引き離そうとするものが悪なのです。ちょうどアダムとエバを神と共に生きる喜びから引き離そうとした蛇のように、悪は人の心に忍び寄ります。ですから、私たちはアダムにまさるキリストの福音（ローマ五・一二以下）のみに、堅く立ち続けることが必要です。そうすれば、私たちに平和をもたらしてくださる神が、私たちのような弱い者の足の下でも、必ずやサタンを踏み砕いてくださることでしょう（創世三・一五）。

三　パウロの仲間たちのリストは、実に興味深いものです。テモテをはじめ、ここに名前が挙げられている人々は、使徒の働きや他のパウロの書簡にも名前が出てくる人々です。また、ここにはパウロの手紙を口述筆記している人自身の名前が初めて記されています（別の手紙は、また別の人が筆記したことでしょう）。さらに、パウロたちに家主（＝ホスト）として奉仕していたガイオ、そして信用が第一の町の経理担当という要職についていたエラストなど、実にユニークな伝道者集団です。いったいどれほどの伝道者たちとパウロは共に、また彼らに助けられて働いていたのだろうかと思うほどです。ときに、パウロはまるで一匹狼のように思われることがありますが、そうではありません。福音の宣教は、チームでするものです。一つのキリストの福音のために、一丸となって働く。だからこそ、そこに生まれてくる教会もまた一つになることができるのです。

50　栄光は神に！

〈ローマ一六・二五―二七〉

「〔私の福音、すなわち、イエス・キリストを伝える宣教によって、また、世々にわたって隠されていた奥義の啓示によって――永遠の神の命令にしたがい、預言者たちの書を通して今や明らかにされ、すべての異邦人に信仰の従順をもたらすために知らされた奥義の啓示によって、あなたがたを強くすることができる方、知恵に富む唯一の神に、イエス・キリストによって、栄光がとこしえまでありますように。アーメン。〕」

〔　〕で括られているのは、写本上、この文章の有無や位置に疑義があるためですが、内容的にも文章の上でもパウロ自身の締めくくりのことばとして読んでよいでしょう。

この最後の文章は一続きになっており、手紙を通して伝えたかったパウロの思いが詰め込まれていて、きれいに訳すのが困難です。日本語の訳文を生かしながら、原文の順序どおり直訳すると、次のようになります。

「あなたがたを強くすることができる方に、
私の福音とイエス・キリストの宣教によって、
世々にわたって隠されていた奥義の啓示によって、
永遠の神の命令にしたがい、預言者たちの書を通して今や明らかにされ、
すべての異邦人の信仰の従順のために知らされた、
知恵に富む唯一の神に、イエス・キリストによって、
この方に栄光がとこしえまでありますように。アーメン。」

＊　＊　＊

原文では「**あなたがたを強くすることができる方**」と語りだされます。最後まで（最後だからこそ！）パウロの思いは、ローマにいる信徒たちを「強くする（＝確立する）こと」に注がれます。そして、まさにそのためにパウロがこの手紙に綴ってきた「**私の福音**」をよく理解してほしいと願っているかのようのです。もちろんこれは、パウロ一個人の福音理解ということでなく、それこそが「**イエス・キリストを伝える宣教**」のことばであり、イエス・キリストそのものが福音と言ってもよいでしょう。

この「福音」と「イエス・キリストの宣教」を、パウロは三つの側面から説明します。第一に、それは「**世々にわたって隠されていた奥義の啓示**」であること（Ⅰコリント二・

七参照）。第二に、それは「**永遠の神の命令にしたがい、預言者たちの書を通して**」示され、御子において「**今や明らかにされ**」たこと（ローマ一・二―四）。そして第三に、それは「**すべての異邦人に信仰の従順をもたらすために知らされた**」ものであることです（一・五）。

このような計り知れない神の救いの計画を思うにつけ、パウロは（ちょうど一一章の最後でもそうであったように）その極めがたい知恵をたたえずにおれません（一一・三三）。「**知恵に富む唯一の神に、イエス・キリストによって、栄光がとこしえまでありますように。アーメン。**」この神への賛美のことばをもって、パウロは長い手紙を締めくくるのです。

＊　　＊　　＊

――「福音」ということばを口にすると同時に、パウロの中では自動的に三つ・四つのことばがセットのようにして思い浮かぶようです。預言者・キリスト・異邦人です。これらは、手紙の冒頭でパウロが語ったとおりです。ここでは、さらに「奥義」が加わりました。手紙全体を通して「福音」を語れば語るほど、その神の御心の深淵さを思わずにおれなかったからでしょう。ユダヤ人にとって、神の御心とは律法にほかなりません。しかし、「福音」によって、律法を含めた旧約聖書全体が「イエス・キリスト」の救いを指し示す

「預言」の書であること、その救いは「異邦人」を含むすべての人に提供されることが明らかにされました。ですから、私たちが「福音」を考えるときにも、単に神と自分との個人的な関係のみを考えるのでなく、神の奥義が旧約を通してイエス・キリストに現れ、そこから全世界へと広がっていく壮大な神の救いの歴史を思い浮かべるようにしましょう。

二　このような大いなる福音を「私の福音」と告白できるようになることが、私たちの幸いです。神の壮大な福音の中に今や自分が置かれていること、イエス・キリストが「私の福音」になったことが、私の救いの出来事だからです。この福音によって、神はあなたがたを「強くすることができる」とパウロは確信しています。それは、自己を嫌悪するほかない情けないほど罪の力に弱い私たちが、イエス・キリストのものとされるからです。私たちが自分で強くなるのではなく、聖霊を通して与えられる神の一方的な恵みの力によって私たちが「圧倒的な勝利者」(ローマ八・三七)にされる。これこそがパウロの福音であり、私たちの福音です。このような〝ただ恵みのみ〟の福音以外のものを福音と呼ぶことはできません。この福音だけを「私の福音」にしましょう。

三　神はなぜ堕落腐敗した人間とこの世界を救おうとされたのか。なぜイスラエルを選んでその歴史を通して御旨を明らかにしようとされたのか。なぜ御子の死を通して救いを成し遂げるなどという方法を取られたのか。なぜこんなちっぽけな異邦人の私を救おうとされたのか――分かりません。すべては、神の隠された神の奥義であり、神の知恵によることです。そして、この神の奥義はイエス・キリストに現されたのですから、私たちはただキリストを見つめることです。たとい私たちがどんなに深く闇の力に捕らわれていたとしても、このイエス・キリストにあふれ出る神の愛の光を見出すとき、私たちは神の恵みの力に圧倒され、ただ神の栄光をほめたたえずにはおれなくなるでしょう。それが、キリストにあって生きる者の幸いです。ですから、私たちはパウロとともに言いましょう。この神に、栄光がとこしえまでありますように。アーメン！

あとがき

「ローマ人への手紙」は、聖書の最高峰の一つです。とりわけ、十六世紀の宗教改革以来、プロテスタント教会で重んじられ、本書をめぐる数多くの注解書や研究書が著されてきました。二十世紀後半からは、再びパウロ研究に脚光が集まり、今日でも盛んな議論が展開されています。

本書は、そのような新しい研究の流れを決して無視していませんが、何よりも本シリーズの目的にあるように、〝聖書に聴く〟ことに焦点をあてています。客観的な学術研究でも、またデヴォーショナルな読み方でもなく、パウロが伝えようとしている使信、その〝声〟に耳を傾けることに集中しました。

そのために、二つの点を工夫しました。一つは、聖書テキストの解説（釈義）を極力シンプルにしたことです。聖書釈義の目的は、本来、著者の意図を明らかにすることです。学問的には詳細にわたる研究と議論が必要ですが、それらの情報はいっさい省き、私自身が最善と思われる理解のみを記しました。そうして、読むだけでパウロの思いが伝わるように努めたつもりです。

もう一つは、その結果、本書をできるかぎりコンパクトにしたことです。本書は、筆者が実際に行った説教に基づいており、またその構造を残していますが、一冊にするために説教そのものを収録することは断念しました。それは、ローマ人への手紙の構造や論旨をよりよく把握し、キリストの福音を深く豊かに理解していただくためです。本書を、福音理解の〝ハンドブック〟のように繰り返し用いていただければというのが私の願いです。

＊　＊　＊

本書は、先に記したとおり、筆者が奉仕をしている日本キリスト改革派甲子園教会で、二〇二〇年一月二十六日から二〇二一年三月二十一日まで行った説教がもとになっています。新型コロナウイルスによる混乱の始まりと時を同じくして、ローマ人へ手紙の学びが始まったのです。目に見えない不安や死への恐れが人々の心に重くのしかかるなか、罪や死の暗雲を吹き払うようなパウロの福音の告知は、私たちに大きな慰めと喜びをもたらしてくれました。感染防止に気を遣いながらも通常の礼拝を続けた私どもの教会の、礼拝出席者がむしろこの期間に増えたのは、不思議なことでした。

ローマ人への手紙の連続講解説教は、実は二度目（二十年ぶり！）のチャレンジでした。最初に挑んだ時は（それまで教義学の教科書のように読んでいた自分にとって）パウロがキリストの福音に捕らえられ、それを表現することばを懸命に探しながら紡ぎ出しているかのように感じられて、新鮮な感動を覚えたものです。

今回も一言一言ことばを紡ぐパウロを想像しながら、同じ印象を受けた箇所もありましたが、パウロは決して思いつきで語っているのではないという確信を強くしました。語るべきことばも向かうべき方向もしっかりもって語っている。そして、それこそが、（旧約）聖書を貫いて約束されていた神の壮大な救いの計画の実現であり、イエス・キリストに現された福音の圧倒的な力と輝きなのだ、と。


本書を生み出すにあたっては、いのちのことば社出版部の長沢俊夫氏にお世話になりました。記して感謝いたします。

また、困難な状況の中でも共に歩み続けている、愛する甲子園教会また客員・求道者の兄弟姉妹たちに、感謝の思いを込めて、本書をささげたいと思います。

願わくは、主が読者の皆様にも、キリストの絶大な〝福音の輝き〟をもたらし、明日を生きる力と勇気を増し加えてくださいますように。心からの祈りをもって。


二〇二一年五月（三度目の緊急事態宣言下にあって）

吉田　隆

ローマ人への手紙に聴く

福音の輝き

2021年6月25日 発行

著　者　吉田　隆

印刷製本　日本ハイコム株式会社

発　行　いのちのことば社
〒164-0001 東京都中野区中野2-1-5
電話 03-5341-6922（編集）
03-5341-6920（営業）
FAX03-5341-6921
e-mail:support@wlpm.or.jp
http://www.wlpm.or.jp/

ISBN 978-4-264-04277-8

◆シリーズ　新約聖書に聴く◆

中島真実著
〈マルコの福音書に聴くⅠ〉イエス・キリストの福音のはじめ
「イエスが主」という初代教会の信仰告白に基づき、その意味を明確にしながら、主イエスの出来事とメッセージを解き明かす。一章一節から八章二六節までを収録。　定価二、〇〇〇円＋税

袴田康裕著
〈コリント人への手紙第一に聴くⅠ〉教会の一致と聖さ
分裂と党派争い、道徳上の乱れの中にある教会に対して、パウロはどんな指針を与えたのか。コリント人への手紙第一の一章から六章までを解き明かす。　定価二、〇〇〇円＋税

袴田康裕著
〈コリント人への手紙第一に聴くⅡ〉キリスト者の結婚と自由
異教社会の中でキリスト者は具体的にどう生きたらよいか。結婚、社会生活、教会生活、礼拝の問題等に対するメッセージを聴く。七章から一一章までを平易に語る。　定価二、〇〇〇円＋税

袴田康裕著

〈コリント人への手紙第一に聴くⅢ〉聖霊の賜物とイエスの復活

キリスト者に与えられている聖霊の賜物について、また復活の教理について、聖書全体の光に照らして理解する。一二章か最終章までを解き明かす。

定価二、〇〇〇円＋税

鎌野直人著

〈エペソ人への手紙に聴く〉神の大能の力の働き

神の絶大な力が働くことで、クリスチャンと教会の姿はどのように変えられるのか。十一回にわたる講解説教と、きよい歩み・ホーリネスと宣教について本書簡から語った二編の説教を収録。

定価一、五〇〇円＋税

船橋　誠著

〈テトスへの手紙・ピレモンへの手紙に聴く〉健全な教えとキリストの心

神の恵みとしての福音、みことばに従って生きる歩み、信仰による愛と赦しなどを記した、短くても、味わいのある二書簡を解き明かす。

定価一、五〇〇円＋税